日本社会教育史

［改訂版］

History of Social Pedagogy in Japan,
Revised Edition

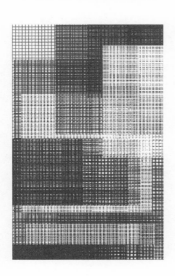

大串隆吉
OGUSHI Ryukichi

田所祐史
TADOKORO Yuji

［著］

有信堂

まえがき

　本書は2021年に出版した『日本社会教育史』の改訂版である。最初に本書の意図を述べておきたい。

　早稲田大学教授大山郁夫（1880〜1955）は、100年あまり前の1920（大正9）年の『我等』12月号に発表した「二種の社会教育観」で支配階級の社会教育観と「目ざめたる民衆の社会教育観」の存在を指摘し、後者を次のように特色づけた。「民衆の側から出た社会教育観は、民衆の必要から湧き出たものである。それは、現在の社会制度を維持していては彼等に生活上の向上が絶望的だという事実に対する彼等の自覚から生じたものである。それは、新しき社会生活の創造のために民衆が民衆自身を訓練することを使命とするものである」と。大山の言う民衆の社会教育観は今で言う民衆の自己教育運動である。そして、それが「民衆の必要」から出たと言うとき、私たちは宮原誠一が「教育の本質」（1949年）で、政治や経済や文化の必要を「人間化し、主体化するための目的意識的な手続き、これが教育というものにほかならない」と言ったことを思い出す。宮原と大山が必要に着目したのは偶然だったのだろうか。いずれにしろ、宮原は大山の指摘を発展させたといえる。また、大山の「目ざめたる民衆の社会教育観」はコロナ危機の時代を経ても古くなっていない。

　大山の「目ざめたる民衆の社会教育観」論文から44年後に、当時社会事業大学助教授だった小川利夫は、小川利夫・倉内史郎編『社会教育講義』（明治図書出版、1964年）に「社会教育の組織と体制」を書き、社会教育政策とそれを現実化する社会教育行政およびその行政の活動である社会教育活動と自己教育運動の存在とそれらの矛盾を指摘した。これは大山郁夫の「二種の社会教育観」を結果として受け継いで、社会教育法によって可能となった社会教育活動をそれに加えたことになる。すなわち、社会教育法でいう学校の教育課程の教育活

動を除いた青少年・成人に行われる教育活動である社会教育活動が、社会教育行政と自己教育運動の間に公教育性を持って存在すると小川は考えたのである。

　これから取り上げる青年会は公教育的性格を政府により持たせられた。青年会自主化運動はそれをてこに青年の自主的運営による自己教育運動を展開し、青年の手で公教育を作ろうとしたが、教育の自由が認められていなかったためにつねにこの公教育的性格を奪われる危険に直面していた。そのことは、第1部第5章に青年会自主化運動として取り上げている。戦後になると青年会は社会教育法によって社会教育関係団体として公教育性が認められた。しかし、すでに述べたように、小川は社会教育行政と社会教育活動、自己教育運動の間には矛盾があることを指摘していた。その矛盾のあり様は、第2部第2章3.、4.、第3章4.に見ることができる。

　青年団以外で公教育性が認められて社会教育活動を行っていた団体として新生活運動協会、PTA、生産大学を取り上げた。これらの団体では財政援助（補助金）という方法で公教育性が行政から担保され、当事者からも公教育性が主張され、サポートするがコントロールしないというサポート・バット・ノー・コントロールが要求された。それは例えば「信濃生産大学解散声明書」（1967年）におさえられた筆致で表れている。社会教育関係団体ではなく、公教育性を持った講座ではどうだったろうか。その例として東京都目黒区教育委員会が主催した公害問題の講座を取り上げた。

　本書が対象とする時代は、日本が近代国家にすべり出して社会教育という言葉が登場した明治時代から生涯学習という言葉が本格的に登場した1990年代、すなわち20世紀で終わっている。そして、自己教育運動を視座に据えて社会教育史を描こうとしている。その試みは、すでに藤田秀雄『社会教育の歴史と課題』（学苑社、1979年）、藤田秀雄・大串隆吉編著『日本社会教育史』（エイデル研究所、1984年）で行われた。本書では自己教育運動の豊かな事実や学習権思想を示しながら、それらと関連した社会教育政策・行政と社会教育活動を描こうとしている。

　近代となった明治時代から叙述している時期設定については、社会教育は古代から近世にかけてもあったのではないかという意見があるかもしれない。例えば、国立教育研究所が編集し1974（昭和49）年に出版した『日本近代教育百

年史　第7巻　社会教育1』は、幕藩体制下から始めている。もちろん、自己教育は「修養」「大学」「学」などの言葉で近代以前から表現されていたが、当時社会教育という言葉はなかった。そこで、本書ではその言葉が使われるようになった時代に限定し、それによって社会教育観の変遷もたどり、社会教育の意味を考えようとしている。また、社会教育を成人教育と限定せず、子ども、青年を含んで叙述している。

　社会教育史の通史だけでなく、社会教育の領域、例えば青年教育史などの個別領域の歴史研究、あるいはある時代に限った歴史研究を含めれば社会教育史研究は相当の数に上る。前掲の国立教育研究所編書は、当時の一級の研究者をそろえて個別領域史を踏まえて通史を作ろうとした。しかしそれでも、明らかにされた事実は限られている。それは当然のことで、明らかにされた事実の集積が歴史像を豊かにするだろう。

　筆者（大串）が、学生時代に熱心に読んだ歴史書は、宮原誠一編『教育史』（東洋経済新報社、1959年）、長野県下伊那郡青年団史編纂委員会編『下伊那青年運動史』（国土社、1960年）、宮坂広作『日本社会教育政策史』（国土社、1966年）だった。これらの本は、筆者に社会教育研究の門を開いてくれた。宮原の『教育史』は、教育史と言えば学校教育史で代用されていた当時、社会教育と学校教育を構造的にとらえようとしていて、新鮮な驚きを覚えた。『下伊那青年運動史』は膨大な地域資料をもとに実証的・科学的に描いていて、その地域の魅力が伝わってきた。その後、その本で明らかにされていないことを調べに下伊那地域に通うことになった。飯田市立図書館で資料整理を手伝ったことや旧千代村の倉の中を見せてもらったことなどを懐かしく思い出す。

　最後に当然のことだが、自己教育運動とは何かを言わなければならない。それについては、『現代教育学事典』（労働旬報社、1988年）に小川利夫が「自己教育」の項に書き、また、大串も『社会教育入門』（有信堂高文社、2008年、73p）に書いている。人間は相互教育のように他者とコミュニケーションができる外言と自己に問いかけ答える内言を持ち、外言と内言は相互に影響し合っていて記憶がそれらを支え、自分を振り返り、新たな活動の糧にする。この過程で行われる相互教育を糧にして、自己を成長あるいは変化させようとして自己教育が生まれる。それゆえ自己教育は人間が本来持つ資質の表れなのである。そし

て、人々が、自己教育の場を確保するために運動し、相互教育のために人々が集まり、条件を改善するために運動することを自己教育運動という。

　本書ではインタビューに応えてくれた人々が登場する。執筆しているうちに、これらの人々が時代に向き合って生きた人生にあらためて思いをめぐらし、この書を墓前に捧げる気持ちになって書くようになった。本書執筆にあたり、野元弘幸東京都立大学教授、伊藤めぐみ東洋英和女学院大学講師（非）に助言をいただいたのでお礼を申し上げる。

　なお、以下の本が資料を調べるために便利である。

宮原誠一・丸木政臣・伊ヶ崎暁生・藤岡貞彦編『資料日本現代教育史』全4巻、三省堂、1974年。戦後社会教育実践史刊行委員会編『戦後社会教育実践史』全3巻、民衆社、1974年。千野陽一監修「月刊社会教育」編集委員会編『人物でつづる戦後社会教育』国土社、2015年。社会教育推進全国協議会編『社会教育・生涯学習ハンドブック第9版』エイデル研究所、2017年。

　なお、大串が第1部第1〜2章、第4〜6章、第2部第2章、第3章の1.〜2.、4.〜8.、終章を、田所が第1部第3章、第2部第1章、第3章の3.を担当した。

　2024年2月

著者を代表して　大串　隆吉

日本社会教育史〔改訂版〕／目　次

まえがき

育改革／非営利活動法人の法制化／社会教育無用論を克服して

第1部　明治維新から敗戦まで

第1章　社会教育思想の発生と自己教育運動

旧・明木村立図書館（現・下横瀬公民館。山口県萩市明木）
国登録有形文化財（2020年田所撮影）

1872年	学制発布
1872〜76年	福沢諭吉『学問のすゝめ』
1881年ごろ	自由民権運動盛んに　学習結社隆盛
1881年	五日市憲法草案　東洋大日本国国憲案
1889年	大日本帝国憲法発布
1890年	教育ニ関スル勅語（教育勅語）
1892年	山名次郎『社会教育論』
1894〜95年	日清戦争
1897年	片山潜、キングスレー館を創設
	労働組合期成会結成
1900年	治安警察法
1904〜05年	日露戦争
1910年	大逆事件

1.　近代化のために社会教育を

人間社会教育

　1868（明治元）年に日本は幕藩体制から決別し、天皇制のもとで近代国家の歩みを開始した。そのときの教育政策は、大人に対する教育と学校制度の確立の二面からなっていた。そして子どもの教育より大人に対する教育が先に生まれた。新しい国家体制の確立にあたって、子どもより大人の思想改革にまず手が付けられた。なぜなら、今いる大人が国を作らねばならないからである。それは、大教宣布運動だった。

　大教宣布運動は、神道の祭祀者である天皇が国を治めることを国民に教育するために、1869（明治2）年に設置された神祇官が担当した。翌1870年2月に天皇は「治教を宣明にし、惟神の大道を宣揚すべし」という宣教の詔を発し、政府は大教宣布運動を開始した。1872（明治5）年には教部省が担当し、専門職である教導職の養成所である大教院を東京・芝の増上寺に作った。しかし、これは1872年公布の学制設立に際し出された「被仰出書」の功利主義的教育観と異なっていたため、1877（明治10）年に教部省が廃止され終わる。しかし、その後の天皇神格化教育の源流になった。

　大人の教育は、民間の啓蒙思想家福沢諭吉（1834〜1901）によっても主張された。1873（明治6）年に結成された明六社の中心となり啓蒙家として多大な教育的役割を果たした福沢諭吉は、「一身独立して一国独立す」（『学問のす〻め』1872年から76年にかけて発表）という言葉に集約的に示される近代的モラルや自由・平等を説いた。そして、学校教育だけでなく、大人・青年のための教育方法として演説・討議・出版を重視した。

　福沢は、学校だけでなく「社会の形成作用」に着目して社会における教育活動を重視した[1]。1879（明治12）年の「空論止む可らず」では、社会での教育活動を「人間社会教育」と名付け、「人間社会教育（学校の教育のみ云うに非ず）の要は、一事にても人をして早く実事に当たらしむるにあり」と説く。その実事

　1）　北田耕也「明治啓蒙と社会教化」碓井正久編『日本社会教育発達史』亜紀書房、1980年、23p、のち北田耕也『明治社会教育思想史研究』学文社、1999年に収録。

の例として地方の民会（県議会など）での議論をあげていた。そこで、演説・討議・出版などは「人間社会教育」の方法として考えていたとみても良い。翌1880年に書いた「教育論」では、教育を「学校の教場に限らずして、およそ人生の発達に関する所の所見をば逐一これを吟味して、その利害得失を説明せんとするにあり」と主張している。

　福沢は、『学問のすゝめ』では広く国民一般に呼びかけていたが、遺伝により優秀なものを育てるべきという「遺伝中心主義的教育論」（「教育の力」1876年ころ）や下層の人と中間階級の教育を分ける複線型学校論（「小学校教育の事（4）」1879年）を主張するようになった。これらは、福沢が人民の権利を犠牲にしても富国強兵を説くようになる道と軌を一にしていた。そして、1889（明治22）年に発表した「貧富痴愚の説」で、「最も恐れるべきは、貧にして智ある者なり」と貧民に教育を与えれば、彼らがヨーロッパのようにストライキを起こしたり、社会主義者になると警戒し、1892（明治25）年の「貧富論」では、貧民には宗教の奨励、教育を与え過ぎないこと、海外移住の奨励を提案した。いわば、貧民が反社会的／反国家的になることを予防する教育の主張であった。

　この福沢の予防的教育に社会教育の意味を見出した人が山名次郎であった。山名次郎は、社会教育についての本格的著作『社会教育論』を、福沢の「貧富論」と同じ1892（明治25）年に出版した。彼は、「細民」（下層階級の人）は徒党を組み社会党や共産党を作るおそれがあるから、それを防ぐには「学校に登らずして教育の徳沢に浴せしむるの道を講ずるの外あるべからず」と主張し、その教育を社会教育と名づけた。山名は福沢と親交があり、下層階級に対する危機感を共有していた。が、同時にそれは近代国家を確立するための教育を社会に広げることの一環でもあった[2]。

憲法創造学習の試み

　近代国家には、国家統治の基本原則を定めた憲法がある。日本では1889（明治22）年に大日本帝国憲法が公布された。この憲法は、君主である天皇の命で定められた欽定憲法であった。これに対し、自由民権運動の中で民間人によっ

2）　松田武雄『近代日本社会教育の成立』九州大学出版会、2004年、88〜90p、大串隆吉『社会教育入門』有信堂高文社、2008年、48p。

て憲法草案が作られていた。

　自由民権運動は、1874（明治7）年の民撰議院設立建白書提出に始まり、1881
（明治14）年ころがいちばん盛んであった。この運動を支えたのは学習結社で
あった。この学習結社は、国民主権を担う主体の形成を目指す自己教育組織で
あるとともに、政治結社でもあった。国民が政治主体であろうとするとき、自
己教育を伴うことを意味していた。

　これらの学習結社では、講演会、討論会、演説会と新聞／書籍の出版が行わ
れ、今の図書館にあたる新聞縦覧所、図書閲覧所が設けられていた。学習結社
は、著名なものに弘前の東奥義塾、盛岡の求我社、福島県石川の石陽館、東京
都五日市（当時は神奈川県）の学芸講談会、神奈川県厚木の相愛社と伊勢原の湘
南社、長野県松本の奨匡社、京都府宮津の天橋義塾、高知県の立志学舎がある。
湘南社は、「本社ハ諸般学術ノ研究ト知識ノ交換ヲ図リ漸次社会改造ノ気脈ヲ
貫通セシメン為メ各自同一ナル主義ヲ以テ成立スルモノトス」（規則第1条）と
学習結社であることを明確にしていた[3]。

　多くの学習結社の中でも、五日市の学芸講談会は、植木枝盛の「東洋大日本
国国憲草案」に次いで質の高い、いわゆる「五日市憲法草案」（原題は「日本帝
国憲法」）を作った。そこで、この活動を憲法創造学習活動として紹介する[4]。

　学芸講談会は、1879（明治12）年ころから活動を始めた。その「盟約」によ
れば、第2条に「本会ハ知識万般ノ学芸上ニ就テ講談演説或ハ討論シ、以テ各
自ノ知識ヲ交換シ気力ヲ興奮センコトヲ要ス」と目的が、第5条には講演会開
催、書籍・新聞縦覧所設置が定められていて、学習結社であった。が、それに
加え強固な同志集団として政治活動や産業奨励のための民生活動も行った[5]。
定例会は月3回、会費は5銭だった。

　「盟約」第3条には「本会ハ日本現今ノ政治法律ニ関スル事項ヲ講談論議セ
ズ」と書かれていたが、これは政治集会を禁止した集会条例（1880年）を考慮
して書かれたことは明らかで、学術討論会のテーマは当時の政治問題だった。

　　3）　大畑哲『相州自由民権運動の展開』有隣堂、2002年、116p。
　　4）　以下、特に断らない資料は色川大吉編『三多摩自由民権史料集』上／下、大和書房、1979年
　　　　によった。また、藤田秀雄・大串隆吉編『日本社会教育史』エイデル研究所、1984年所収の藤
　　　　田秀雄の論考を参考にした。
　　5）　色川大吉『自由民権』岩波書店、1981年、35、36p。

すなわち、「貴族可廃呼否」「増租（税）ノ利害」「女戸主ニ政権ヲ与フルノ利
害」「国会ハ二院ヲ要スルヤ」などであった。新聞縦覧所には、新聞、雑誌が
山になっていたといわれ、深沢村の村長深沢権八は、216冊あまりの本を収集
していた。そのうち政治・法律関係が半分以上を占めていた。これらの図書が
会員の閲覧に提供されたのである。このような学習活動によって五日市憲法草
案が作られた。

　このような学習活動が作られた条件は、色川大吉前掲書を参考にすると少な
くとも4点ある。第一に五日市はその名の通りこの地方の経済の中心地で、学
習にお金を使える豪農層がいたこと。第二に、寺子屋・家塾・郷学などが江戸
時代末から盛んだったこと、第三に、政治的関心の強い人々がいて、大塩平八
郎などに関心を寄せていたこと、第四に、この地域で自治活動を行っていたこ
と。当時は幕藩体制が崩れたが、天皇制を支える地方自治制度や学校制度が未
確立であった[6]。この時期、深沢権八は公選により村の総代になっている。ま
た、地元の勧能学校は学務委員による自治制をとっていた[7]。

　ここで注意しておきたいのは、五日市憲法草案は大日本帝国憲法の要素を
持っていたことである。その基本的立場は、「国帝〔天皇のこと―引用者〕ノ身
体ハ神聖ニシテ侵ス可ラズ」と天皇を神聖視していた。また、財産と性による
制限選挙制をとり、低所得者と女性には選挙権がなかった。これらは、大日本
帝国憲法に登場する。

相互教育への気づきと社会教育の自由

　「五日市憲法草案」には、教育と言論・出版・集会の自由が書き込まれてい
た。まず、子どもの教育の自由については、第76項に「子弟ノ教育ニ於テ学科
及教授ハ自由ナルモノトス然レドモ子弟小学ノ教育ハ父兄タル者ノ免ル可ラザ
ル責任トス」とあり、教育の自由と父兄の責任を先駆的に主張した。

　言論・出版・集会の自由については、第45項で「日本国民ハ各自ノ権利自由

　6）　地方自治制度は、1888（明治21）年の市制・町村制と翌年の郡制・府県制で確立し、学校制
　　度は、1879年の自由教育令と呼ばれた教育令から、中央集権化を強めた85年の教育令改正と揺
　　れ動いていた。
　7）　学務委員とは、自由教育令で導入され、町村民から選出され学校の管理にあたった。1885（明
　　治18）年の教育令改正で廃止された。

ヲ達ス可シ他ヨリ妨害ス可ラス且国法之ヲ保護ス可シ」と自由権の不可侵性を
明記した上で、第51項で出版と意見表明の自由を第58項で集会の自由を法の枠
内や国禁の恐れがない場合という条件付きであったが認めていた。しかし、こ
の憲法草案には、子どもの教育の自由とともに、大人の学習、社会教育の自由
が書かれていたわけではなかった。子どもから大人の教育権を主張したのは植
木枝盛であった。

　植木枝盛「東洋大日本国国憲案」（1881年）は立憲君主制をとり、「日本人民ハ
何等ノ教授ヲナシ何等ノ学ヲナスモ自由トス」と教育・学習の自由の条文とと
もに「日本人民ハ議論ヲ演フルノ自由ヲ有ス」などの言論・出版・集会の自由
の条文がある。前者は学校教育を念頭に置いていたが、後者から社会における
教育の自由を導き出していた。すなわち、「言論ノ自由アリテ各々互ニ相伝エ、
相示シ、相教エ、以テ物ニ暗キコトナク事ニ惑フ所ナカラシムルニ在リ」[8]と人
の集まり—社会が相互教育の場であること、すなわち社会教育が存在すること
に気づかせていた。そして社会教育の条件に言論の自由を置いたのである。

　植木枝盛の教育の自由、社会教育の自由の根拠には、人間の発達への信頼が
あった。すなわち、彼は人の最大幸福を「諸般の能力を活動する」（「男女同権
論」）ことに置いた。そして、「貧民論」ではそれを自由の根拠として次のよう
に述べている。「人はその身体なり、精神なり、凡そ天より稟け得たるすべて
の官能を出来るだけ発達させねばならぬものにて、これをなすには必ず自由な
かるべからず。自由の人間に欠くべからざること、空気の生命に欠くべからざ
ると同一般なりと謂うべし」[9]。まさに自由は、人間の発達を促す教育—社会教
育の自由をも意味していた。したがって、教育の自由、社会教育の自由は権利
であり、知力、性別、身分によって差別されてはならなかった。それゆえ、社
会教育の自由は人間に備わるべき固有の権利として自覚されていたのであって、
その根本には「人間のかぎりない能動性への確信」があった。家永三郎は、植
木枝盛の人間観は「人間至上主義」—「人間のかぎりない能動性の確信」にあ

8）「言論自由論」『植木枝盛集』第1巻、岩波書店、1990年、127p。平田オリザは、植木と同時
　代の中江兆民の『三酔人経綸問答』に対話の原型をみている。そして、これに「話し合い、共
　に変わる」という相互教育を見出している。NHKテキスト『100分 de 名著　三酔人経綸問答』
　（2023年）の解説。
　9）　家永三郎編『植木枝盛選集』岩波文庫、1974年、117p。

るとしている[10]。この確信が「人間の発達」に価値を置くことになった。植木枝盛は、女性も選挙権を持つべきだと考えていた。家永三郎によれば、1880年前後に国政の選挙権を女性に与えていた国はなかったから、彼の思想は先駆的であった[11]。

教育勅語体制の確立

　自由民権運動は、その後1881（明治14）年10月の国会開設の詔勅発布、松方財政と生糸暴落による豪農層の分解、福島事件（1882年）に代表される民権家に対する弾圧、自由党解党等によって消えていった。しかし、ここで提起された権利の主張は、その後も日本の歴史に顔を出し引き継がれ、1946年公布の日本国憲法に実現された。

　他方で五日市憲法草案が天皇を神格化していたことを述べたが、それは教育勅語体制に通じていた。政府は、1889（明治22）年大日本帝国憲法を公布して天皇制絶対主義による制度を作ることによって近代化を進めていく。その翌年に、国民の思想的・精神的中核となる「教育ニ関スル勅語」（教育勅語）を発布した。「朕惟フニ我カ皇祖皇宗国ヲ肇メルコト宏遠ニ」で始まる教育勅語は、忠孝を基本道徳として「一旦緩急アレハ義勇公ニ奉シ以テ天壌無窮ノ皇運ヲ扶翼スヘシ」と天皇制国家への忠誠を国民に要求した。これは、学校教育だけでなく社会教育の根本理念となった。1882（明治15）年にはすでに軍人が守るべき理念を定めた「軍人勅諭」が出されていた。日本は男子20歳になると兵役が義務づけられた国民皆兵制をとったから、特に男性には「軍人勅諭」もおろそかにできないものだった[12]。

10）　家永三郎『革命思想の先駆者─植木枝盛の人と思想』岩波新書、1955年参照。
11）　家永三郎、同上参照。
12）　この教育勅語の考え方を天皇制政府下の時代に真っ向から批判した者は、木下尚江だった。木下尚江は、教育勅語の国家観念を取り上げて「其国家観念は世界を離れ、否、むしろ世界を憎悪し、其頑迷不霊の思想を以て、強いて日本特有の精粋なりと主張せり」と批判した（「朝憲紊乱とは何ぞ」『平民新聞』62号）。『直言』2巻5号に載った彼の「明治時代の政教史」は、教育勅語が大教宣布運動を発端としていることを指摘して教育勅語を特徴づけた。「今日尚ほ文部省が踏襲する国民教育策の精神は実に此の反動的逆潮の間より生まれ出たる也、明治五年の文部省が一種の神政道徳を以て国民を指導せんとしたりし如く、欧化政治反動後の文部省も亦た一種の新神政道徳を以て教育の基本となせし也」。

2.　労働者教育の登場

労働者の社会教育への関心

　1895（明治28）年に日本が日清戦争に勝利してから、日本の資本主義は急速に発展し、労働問題が生じた。1897（明治30）年には労働者のストライキが79件になり、翌年には日本鉄道機関方（現在のJR東北線の運転士）がストライキを行って、労働組合づくりが始まった。1897年に高野房太郎と片山潜によって労働組合期成会が結成され、これを母体として鉄工組合、日本鉄道矯正会、活版工組合などの労働組合が組織された。社会主義への関心も生まれ、1900（明治33）年には社会主義協会が安部磯雄（1865〜1949）を中心に発足し、翌年我が国初めての社会主義政党である社会民主党が結成された。

　このように日本が近代化し始める時期に労働運動が始まっていたから、それを予防するために福沢諭吉や山名次郎が貧民（当時、労働者は貧民と見なされていた）の対策を提案したのは現実性を持ち、山名次郎が予防のための教育をする社会教育政策の必要を訴えたのも現実味があったのである。彼らの観点を引き継ぎ、1898年には政府官僚と東京帝国大学教授金井延らが中心となって社会政策学会を設立した。金井は、社会政策の観点から社会教育の必要を論じ、同じ観点から政府は労働者の状態や知的水準を改善する工場法の制定を目指していた。そのために、農商務省は紡績業、鉄鋼業など16種の産業で働く労働者の状態について徹夜業、賃金、雇用形態、衛生、労働時間、教育等を広く調査し『職工事情』にまとめた。児童を含めた徹夜業の蔓延など「劣悪な労働条件を赤裸々に記録した資料として定評がある」といわれる[13]。そして、そこでは「紡績職工の社会教育の方法として修身の講話、説教あるいは幻灯会等を開くは一般の事例なりとす」と職場での教育―企業内教育が社会教育と呼ばれていたのである[14]。

　この報告は、工場法の必要を訴えていて、工場法は1911（明治44）年に公布され、1916（大正5）年に施行された。その際に、施行令に徒弟条項が盛り込

　13）　犬丸義一校訂『職工事情』上、岩波文庫、1998年、5p。
　14）　犬丸義一校訂、同上、191p。

まれ、工場における教育制度が作られた。それは、「職業訓練の法令の嚆矢であった」[15]とはいえ、企業体の意思に委ねられて、労働者の声を反映させない不十分なものであった。他方で政府は、1900（明治33）年治安警察法を制定し、労働組合の結成と活動を取り締まった。労働問題の解決は、社会政策、治安対策の両面で国家的事業となった。このような中で、労働者を対象とした社会教育に関心が生まれた。政府の中で担当は、文部省ではなく主に内務省だった。

　労働者の自己教育運動が始まっていた。それについて多面的に労働者教育を論じた片山潜（1859〜1933）を中心に述べることにする。

セツルメント事業

　片山潜はアメリカ合衆国での苦学ののち、1897（明治30）年に東京駿河台でセツルメント事業を開始した。それは、「日本のセツルメントに於いて暁の明星のごとき光輝を放つと同時にわが国の社会運動史に於いても主要な位置を占めている」と評された[16]。片山は、1859（安政6）年岡山県の農村で生まれ、18歳のときに学問で身を立てる決心をし、東京に出てアルバイトをしながら漢学を勉強していたが、1884（明治17）年にアメリカ合衆国にわたり、家事手伝い、皿洗いなどをしながら勉強し、キリスト教徒になった。

　1887（明治20）年大学予備校に入学したがいじめにあい退学、翌年黒人と貧乏な白人のためのメリーヴィル大学に入学、さらにグリンネル大学（現アイオワ大学）に移った。1892（明治25）年に卒業後、同大学院に籍を置きながら、アントヴァー神学校でタッカー教授の講義を聞き社会問題を研究し始めた。1893（明治26）年にマスターオブアーツ（修士号）を得た。このころ、セツルメントに関心を持ち、セツルメントの発祥はイギリスのロバート・オーエン（1771〜1858）にさかのぼるとされていたので、1894年にイギリスに旅行し、世界最初のセツルメントハウスであるトインビー・ホールに泊まり、社会事業や労働者教育を見聞し、イギリス労働組合運動の指導者トム・マンや独立労働党のケア・ハーディなどから感銘を受けた。また、都市の貧民街に関心を強め、アメリカに帰って勉学したエール大学での修了論文は「欧米の都市問題」だった。

15）　田中萬年「徒弟制度再考」『経営論集』66巻1号、2019年。
16）　末弘厳太郎「セツルメント運動の歴史」『岩波講座教育科学　第十冊』岩波書店、1932年。

　セツルメントは、オックスフォード大学の教官と学生によってセツルメントハウスとしてトインビー・ホールが建てられたように、大学拡張運動の一環としてイギリスで取り組まれていた。その目的は、知識階級が労働者が多く働く地域や住む地域に施設を作り、レクリエーション活動や教育活動、協同組合活動などを行って、資本家階級と労働者階級の協調を目指すものだった。この発想は、片山潜にも受け継がれている。セツルメントとは、片山によれば「移住の意味にて大学の人士貧民間に住居して苦楽を共にし其受けし処の高等教育の趣味を分与し之を味わしむる」[17]ことであった。

　1896（明治29）年に帰国したのち、1897年3月に宣教師のダニエル・グロスビー・グリーン博士が、月25円の手当を出すことになったので、東京神田三崎町一丁目に家を借り、イギリスのキリスト教社会主義者の名前をとったキングスレー館という看板をかけてセツルメント事業を始めた。館長は片山潜、委員長は明治学院神学部教授として、旧約聖書の翻訳者として著名だった植村正久だった。キングスレー館はこの活動をキリスト教の普及とともに行った。

　キングスレー館のセツルメント事業は、幼稚園、青年倶楽部、日曜講演、大学普及講演、西洋料理教室、英語教室、市民夜学校、職工教育会、クリスマス会、『渡米案内』の発行、新聞雑誌閲覧など多方面にわたっていた。

　青年倶楽部は、毎日曜例会を開いた。1899（明治32）年3月の例会は、参加者22名、片山ほか2名の演説後、茶菓子が出され、囲碁、剣舞などで遊び、散会したのは10時過ぎだった（『労働世界』32号）。「大学普及講演」は、同年6月から始められたようである。その目的・内容は次の通りであった。

　　　　大学普及講演は主として壮年職工の為に設けたるものなり
　　　　高等専門の諸学術を極めて平易に且つ通俗に教ゆる講演なり
　　　　講演の科目は歴史、文学、経済、社会、政治、数学、製図、機械等なり
　　　ただし此外の科目にても二十名以上の希望者があれば講演を開くことあるべし
　　　　講演の科目に付き適当なる書物又は小冊子を与え研究の便宜に供することあり（『労働世界』50号）

---

17)　片山潜『英国今日之社会』警醒社、1897年、32p。

社会教育は成人教育

　1899（明治32）年6月24日に、村井知至（1861〜1944）が「個人と社会」、安部磯雄が「娯楽論」という題で話し、当時珍しかった蓄音器（レコードプレイヤー）を持ってきて聞かせている。次の会は9月22日で来会者50名。河上清（1873〜1949）が東京市電を民間会社が経営することに反対の演説を行い、参加者の賛否を採ったところ大多数が市有に賛成だった。次いで和栗雄次郎が「20世紀の講談」を話し、講談を実演したところ拍手喝采を浴びた。『労働世界』47号（1899年11月12日）には、11月から毎週土曜日に行われること、48号には6週間、毎土曜日に行われ、聴講料は取らず、参加は自由であると書かれている。この雑誌『労働世界』は、1897（明治30）年7月に結成された労働組合期成会機関誌だったから（同年12月創刊、片山潜が主筆）、「大学普及講演」は労働者教育であった。

　ところで彼らは社会教育をどのように考えていたのだろうか。『労働世界』42号（1899年8月15日）と43号（同年9月1日）には、社会主義研究会（1898年結成）会長だった村井知至の「大学普及講演事業について」の講演記録が掲載されている。そこで、村井はこう指摘した。「欧米各国において社会教育というものが盛んになって来て居る、言葉を代えて申しますれば成人教育という事でありまして、これまでといえども小さい子どもを教育する家庭教育や、青年を教育する学校教育に付きては、成人大いに其必要を感じて段々と完全に成ってきました。然るにすでに少年時代を過ぎ、青年時代を越えた成人、即ち今日社会に出て、各種の事業に従事している人々等をなおも教育して高等知識を普及せねばならぬということ、すなわち社会教育と申すものは近頃に始まった事である」。

　このように勤労大衆に対し高等知識を普及することが社会教育だと村井は考えた。その一つの方法が、大学で教えられる高等知識を拡張して一般の人に普及させる「大学普及事業」である。しかし、これは実際には「中等社会の人々」が恩恵を受け、労働者まで及ばないと指摘している。そこで、彼はセツルメントのように労働者のところに出かける「大学植民事業」を高く評価した。この点は、社会主義研究会のメンバーだった安部磯雄も1901年の『社会問題解釈法』で同様の評価をしている。しかし、当時数少なかった大学がオックスフォード大学のように地域に進出することはなく、「大学普及事業」は日本では大学で

学んだ知識人が地域に出ることを意味した。このように、当時の社会主義者は高等知識を一般の人に結びつけることを重視していたのである。

自己教育、相互教育の場

　片山潜、高野房太郎らは労働組合期成会を作り、既述したように機関紙『労働世界』を発刊した。この労働組合期成会を母体として鉄工組合、活版工組合、日本鉄道矯正会が作られた。これらの労働組合は、共済組織と労働者教育の機関として位置づけられ、労使協調の立場であった。例えば、片山潜は労働者教育を強調して「労働組合は労働者教育の一機関なり、労働者をして其労働を貴重し其技芸を錬磨せしむるの一大養成所なり、此教育機関たる養成所たる労働組合はまたなんぞ資本家諸子を害するものならんや」（『労働世界』5号、1898年2月1日）と言っていた。

　片山は労働組合は社会の治安を乱すと考えていなかったが、警察は1898（明治31）年4月に行われた労働組合期成会の運動会を禁止し、翌99年1月の鉄工組合1周年祭を解散させた。政府の抑圧にあって、片山は権利の獲得を強調するようになる。1899年2月15日号の『労働世界』紙上で労働倶楽部を提唱した。提唱された労働倶楽部は、労働者が親密になる団結を作る場であるとともに学習の場でもあった。すなわち、「労働倶楽部は各会員が悉皆〔ことごとくの意味―引用者〕相交わり相楽しみ又利する場所である。労働倶楽部は労働者の客間なり、図書館なり、新聞雑誌縦覧所なり、講義堂なり、しかり労働者のすべてであり、ここに労働者は知識を磨き、気力を養い、修養してもって、外部に向けて労働組合の下に大運動をなすを得る」（前掲『労働世界』）のである。これには、相互教育、自己教育ということができる発想があり、植木枝盛と同じ考えが見られる。そして、理髪店や風呂を付設することも勧めた。この労働倶楽部は、青森、大宮、石川島で作られ、大宮ではこの倶楽部が中心となって廃娼運動の演説会が行われている。

3.　基礎教育の重視と終生教育

　片山は、労働倶楽部と同時に基礎的知識を提供することにも力を入れた。1900

（明治33）年の５月から、片山は職工講習会を発展させた職工教育会の責任者になった。これは週６回行い、月謝を取って「習字読書算術歴史及び英語を教授」するものだった。９月からは学科を整備し、修業年限を３年として、１、２年で算術・読書・英語を教え、３年目に製図や機械学を教えることにした（『労働世界』63号、65号）。対象は主に青年職工だった。

　このように高等教育を普及する大学普及事業から職工教育会による算術・読書などの基礎学力の教育と技術教育に変わった。その理由は、職工に基礎教育と技術教育が不足したことに片山等が気づいたからであった。すなわち、「今日の職工の最も要する物は普通教育にしてこれにつぐものは算術及び製図なり彼らは常識を有せざるべからず、新機械は日々発明され応用さる今日に於いて旧習に拘泥進歩するあたわず、唯その習慣的教育で覚え込んだ技術のみをもって工場にあるは実に職工として尊敬すべき者にあらず」と言った。当時、日本鉄道会社の労働者が1900（明治33）年に会社に提出した陳情書には「幼年工は概して小学教育受けたる者少なく技術進歩の障害とも相成候」とあり、労働者＝職工の多くに基礎教育が不足していたのは明らかだった。

　1900年の治安警察法の公布は労働組合に打撃を与えた。期成会は解散し『労働世界』は廃刊となった。また、キングスレー館の活動も、片山が社会主義に接近することによって、グリーン博士により手当が打ち切られ困難となった。しかし、『労働世界』は２年後の1902（明治35）年に復刊された。片山はその１号から４号にかけて労働者教育論を連載している。彼は「学校は教育の初歩を授くる所なり之をもって教育を終わりとなすは大いなる誤りなり、社会は良校なり人は終生教育を受けざるべからず、それは終生進歩せざるべからざればなり」（「職工教育の便法」『労働世界』４号）と強調した。終生教育とは生涯学ぶことなので、今でいう生涯教育であった。それが社会において行われるという意味だから、生涯教育として社会教育の必要を力説したことになる。そして、次のことを提案した。市町村に公費による自由・無料の図書館を設けること、新聞・雑誌・図書の閲覧ができてレクリエーションができる労働倶楽部を設けること、自由な講演会を開くこと、労働者の言葉で書かれた小冊子を発行すること、平和の感覚を養成する美術館・音楽堂を設け、劇場・寄席を改良すること、国民の教養を高め普通選挙を行うこと、であった。この提案は、われわれが持

つ現在の社会教育のイメージを先取りしていると考えることができる。また、自由民権運動の学習結社が目的としていた政治主体形成を継承していた。

1898（明治31）年に結成された社会主義研究会に片山とともに入っていた安部磯雄は、その著作『社会問題解釈法』（1901年）で片山潜と同じ考えを表明している。すなわち「学校は唯一の教育機関にあらず。社会はある意味に於ける最良の教育場なり。読書必ずしも知力発達の唯一の方法にあらず。天然に触れ人類に接するも亦読書以外の学問にあらずや。学校は年少の人を教育するところにして大人教育に資すること多からず」（139p）と言い、博物館、図書館、美術館、講演会、大学拡張などの必要を認め、特に倶楽部が労働者だけでなく一般市民にとっても必要なことを、都会の人間が孤立しがちであることから指摘していた。

1901（明治34）年5月18日に片山と安部は、幸徳秋水、木下尚江、河上清、西川光二郎（1876～1940）とともにわが国初めての社会主義政党である社会民主党を結成した。社会民主党は、オーストリアに1888年、スウェーデンに1889年、ドイツに1891年にできていた。この社会民主党は、貧富の格差をなくすこと、普通選挙による政治参加の権利と教育の平等を要求した。すなわち、高等小学校までを義務教育として授業料無償とし、教科書の公費負担、学齢児童の労働禁止を要求した。そして、社会教育を労働組合に期待した。「団結は〔労働組合に団結すること—引用者〕労働者の生命にして、彼らの為には唯一の武器なり、彼らはこれに依りて自治の精神を養うのみならず、幾多の教育と訓練とを受くるべし」と。しかし、日本の社会民主党は結成2日後に治安警察法を理由に禁止された。

4.　日露戦争と「時代閉塞の現状」

先の社会民主党は、「人種の差別〔区別の意味—引用者〕、政治の異同に拘わらず、人類は皆同胞なりとの主義を拡張すること」を主張した。社会民主党禁止後、これを受け継いだのは、平民社だった。平民社は、1903（明治36）年11月に幸徳秋水、堺利彦などによって作られ、その機関紙として週刊『平民新聞』が発行された。それは日露戦争が開始される前年だった。平民社の宣言には、

「吾人は人類をして博愛の道を尽さしめんが為に平和主義を唱道す。故に人類の区別、政体の異同を問わず、世界を挙げて軍備を撤去し、戦争を禁絶せんことを期す」とあり、人道主義的立場が強く出されていた。その主張は当時、非戦論と呼ばれ、日露戦争を速やかに終わらせて平和を回復し、戦争の原因である経済競争の制度を改革して戦争をなくすことを目的とした（「非戦論の目的」『平民新聞』58号）。平民社は、木下尚江（1869〜1937）、石川三四郎（1876〜1956）らキリスト教社会主義者も同人であった。当時、日本の多くの人がロシアに敵愾心を燃やしていたにもかかわらず、彼らは日露戦争が植民地獲得の争いであることを指摘し、戦争の悲惨さを訴えた。また、韓国併合論に反対した。

　彼らは「社会主義伝道行商」を始めた。1人あるいは2、3人で『平民新聞』の読者を頼りに、箱車に積んだ新聞や平民文庫を売りながら、行く先々で小集会を開き、社会主義と平和のための宣伝的教育活動を行った。「伝道」した所は、千葉県下、東京から下関、さらに九州、東北であった。「伝道」という言葉を使ったのは、平民社にキリスト教徒が多かったからである[18]。彼らは地域の知識人であった小学校教師、医師、牧師、学生、役場職員を訪ね、反戦・社会主義の思想を広げようとした。それは、人々が戦争に動員され、勝利に一喜一憂していた中で困難であった。しかし、彼らは足尾鉱毒事件に揺れていた群馬県谷中村を訪ね、青年に足もとの生活から考えることを訴えた。

　谷中村を訪ね鉱毒事件を調査した西川光二郎は次のように主張した。村を立て直すには村人が利己心を克服して「愛村心」を持って「村内人心一致」することが大切である。村々が富み栄えれば日本全国が栄えるから、真の愛国者は旗を振って兵隊を送り出す者ではなく、村落の荒廃や窮民の増加を憂える人だと、特に青年に呼びかけた（「愛村心」『平民新聞』40号）。この主張は、日露戦争中出征軍人の歓送迎・慰問などの銃後活動に活躍し始めた青年会に村落の問題から出発することを説いたことになる。この視点は、足尾鉱毒事件の解決に一生をかけた田中正造が、町村自治の形骸化は政府による干渉だけではなく、村民のおかみに従うという習慣にあると気づき[19]、青年会に対し人民の被害を根

18）　荒畑寒村編『社会主義伝道行商日記』新泉社、1971年。平民社が出版した平民文庫には、平民社同人編『社会主義入門』、西川光二郎『土地国有論』、石川三四郎『消費組合の話』、田添鉄二『経済進化論』、木下尚江の小説『火の柱』があった。

19）　『田中正造選集』第4巻、岩波書店、1989年の小松裕の解説、315pを参照した。

絶し人道および天賦の自由と権利を重んずることを要請したことに通じてい
る[20]。

　政府はこのような運動の広がりを恐れ、1910（明治43）年になると大逆事件
あるいは幸徳事件といわれる弾圧を行った。これは数人により計画されたに過
ぎなかった天皇暗殺を口実として数百人の社会主義者を逮捕し、幸徳秋水など
24名を秘密裁判で死刑とした。この事件は社会教育の自由の抑圧ともなった。
内務省は発売頒布禁止図書目録を作成し、道府県に配布した。長野県では、県
庁がこれを受けて図書館蔵書からこれらの本を処分するよう指示を出し、県警
察部は社会主義関係の図書と風俗を壊乱する書物を、各地の図書館と青年会文
庫から押収した。それらは、木下尚江の『火の柱』『良人の告白』、幸徳秋水の
『社会主義神髄』など81種類、113冊に及んだ[21]。

　この事件に衝撃を受けた石川啄木は同年8月に評論「時代閉塞の現状」を発
表した。啄木はこの評論で、「強権の勢力が普く国内に行きわたっている」状
況では、当時文学に大きな影響力を持っていた自然主義文学では無力であり、
それを克服するには「敵」の存在を意識しなければならないと説いたのである。
その「敵」とは天皇制国家であり、それを支える封建的な家族制度であった[22]。

　20）　「日記（抄）」明治36年3月20日、同上『田中正造選集』第4巻所収。

　21）　社会教育法施行三十周年記念誌編集委員会『長野県社会教育史』長野県教育委員会、1982年、
　　　　92p および長野県編・発行『長野県史・通史編第8巻　近代』1991年、703p。

　22）　石川啄木「時代閉塞の現状」は、インターネットで見ることができる。例えば、インターネッ
　　　　トの図書館「青空文庫」（https://www.aozora.gr.jp/cards/000153/files/814_20612.html）。

第2章 社会教育行政の確立

旧・波佐見町立中央小学校講堂兼公会堂（現・長崎県波佐見町井石郷）
1937年築、国登録有形文化財（2018年大串撮影）

1908年	戊申詔書　地方改良運動
1910年	韓国併合
1914～18年	第一次世界大戦
1915年	「青年団体ノ指導発達ニ関スル件」（第一次訓令）
1917～19年	臨時教育会議
1918年	米騒動
1919年	文部省普通学務局第四課設置
1921年	財団法人日本青年館設立
1923年	関東大震災　国民精神作興ニ関スル詔書
1924年	文部省普通学務局社会教育課設置
	教化団体連合会（1928年に中央教化団体連合会）
1929年	文部省社会教育局新設
1933年	滝川事件
1935年	天皇機関説事件

1.　臨時教育会議

　社会教育行政の確立のきっかけは臨時教育会議の答申・建議であった。臨時
教育会議は、教育を文部省任せにしないために内閣直属の諮問機関として1917
（大正6）年に設けられ19（大正8）年まで続いた。臨時教育会議の設けられた
1917年は、ロシア革命が起こった年である。ロシア革命は、各国政府に衝撃を
与えた。翌1918（大正7）年米騒動が起こり、1920（大正9）年には日本最初のメー
デーが行われた。そのため、国民が反体制的にならないように会議は教育を文
部省任せにせず政府が一致して取り組む答申・建議を出した。「教育ノ効果ヲ
完カラシムヘキ一般施設ニ関スル建議」は、国民の道徳・思想が物質偏重によ
り退廃しているととらえ、国家の中堅である「中流階級」を重視し、教育勅語
による思想統一を強めること、研究・言論・出版の制限、階級協調精神の育成
をあげた。また、「兵式体操振興ニ関スル建議」は、兵式体操によって規律、
服従を養い、体力をつけ、軍事・技術の一部を習得することを提案していた。
　1919（大正8）年に文部省は通俗教育（社会教育の前身）、図書館・博物館、青
年団、障害児教育などを担当する普通学務局第四課を設け、翌20年にこれを「社
会教育に関する主務課」とした。その後1924（大正13）年に普通学務局社会教
育課にし、1929（昭和4）年には青年教育課、成人教育課（図書館、博物館担当）
を持つ社会教育局に昇格させていき、国の社会教育行政が整った。ここでは社
会教育は学校以外の社会において「個人をして社会の成員たるに適応する資質
能力を得せしむる教化作業」と位置づけられた。社会教育職員も配置され、1925
（大正14）年には地方社会教育職員制により道府県に社会教育主事・同主事補が
配置された。
　こうして社会教育行政が整備されたのだが、もともと社会教育行政は内務省
も担当していたから、両省の役割を分ける必要があった。1929年の社会教育局
設置に伴い両省の共同所管だった男女青年団、教化団体は文部省の所管となっ
た。これには、学校教育と社会教育とを連続させ、国民教育を完成させるねら
いがあった[1]。
　社会教育局設置の直後に、世界大恐慌が日本にも波及し小作争議や労働争議

が戦前の最多を記録した。政府はそれに対処するため国民を天皇制の思想で統一するために社会教育に期待し、1932（昭和7）年に国民精神文化研究所を設置した。そして1933（昭和8）年に起こった滝川事件と、1935（昭和10）年に起こった天皇機関説事件により学問、教育、思想の自由を否定した上で、文部省は教学局を設置してその体制を整備した。

子どもと女性

その中で、文部省は子どもの教育と家庭教育の指導を本格化させた。子どもの教育については、1932（昭和7）年に訓令「児童生徒ニ対スル校外生活指導ニ関スル件」を出して学校を単位とした少年団を作ることを指示した。ボーイスカウトを参考に地域単位に組織されていた少年団日本連盟の抵抗を押し切り、文部省は青年団と少年団を統合した大日本青少年団を結成する[2]。

女性については、生活改善運動を起こし[3]、1930（昭和5）年には「家庭教育振興ニ関スル訓令」を出し、翌年に大日本連合婦人会（連婦）が文部省により組織され、陸軍省は戦争を支える銃後活動を行う大日本国防婦人会（国婦）を組織した。こうしてすでにあった内務省管轄の愛国婦人会（愛婦）とあわせ3団体ができた。愛婦が上流階級を国婦が下層階級を組織していた[4]。

植民地

植民地においても社会教育行政の組織化が進んだ。1904（明治37）年に大韓民国の教育顧問「学政参与官」になった幣原担は、早くから学校を中心とした朝鮮人の教化である社会教育を強調した[5]。日本政府は1911（明治44）年に朝鮮

1）　社会教育課長だった小尾範治は、その著『社会教育の理論及実際』（1926年）で社会教育は正規の学校教育に行けなかった者に対する教育だとして学校教育の補足完成の役割を持つと定義し、同『社会教育の展望』（青年教育普及会、1932年）では成人と児童を対象とし国民教育の完成を図るものだとしている。
2）　この点については、上平泰博・田中治彦・中島純『少年団の歴史—戦前のボーイスカウト・学校少年団』萌文社、1996年、第Ⅲ部に詳しい。
3）　千野陽一『近代日本婦人教育史—体制内婦人団体の形成過程を中心に』ドメス出版、1979年、第7章参照。
4）　千野陽一、同上、第12章三大婦人団体の鼎立、および、藤井忠俊『国防婦人会—日の丸とカッポウ着』岩波新書、1985年参照。
5）　幣原担『朝鮮教育論』六盟館、1919年参照。

人を日本人化する朝鮮教育令を公布した。青年会は日本人と朝鮮人に分けて作られ、総督府は朝鮮人の青年会組織化に力を入れたが、1930年ころまで成果を上げることができなかった。その理由は、朝鮮青年総同盟（1924年結成）などが朝鮮民族解放の運動を行ったからである[6]。社会教育の行政は臨時教育会議開催のころから手がつけられたが、植民地本国のような体制ではなかったから、朝鮮総督府は1921（大正10）年社会教育振興の指示を出し、同年総督府学務局に社会課が作られて青年会を担当し、翌年社会教育施設補助費が計上された。1936（昭和11）年に学務局に社会教育課が作られた。朝鮮連合青年団は1938（昭和13）年に結成される。

　台湾でも台湾教育令が1918（大正7）年と1922（大正11）年に出されていたが、社会教育はそれとは別に1930（昭和5）年前後から青年教育が本格化した。1930年に青年団に関する総督府訓令が出され、1938（昭和13）年に台湾連合青年団が結成され、大日本連合青年団に加盟した[7]。

2.　インフルエンザ予防から公衆衛生へ

　先に、内務省と文部省の役割分担が行われたことを述べた。その際に内務行政が担当する社会教育がすべて文部省に移管されたわけではなく、労働者教育や公衆衛生は内務行政に残された。労働者教育については後述するので公衆衛生について述べておく。公衆衛生は、内務省衛生局が担当したが、1938（昭和13）年以後は新設の厚生省が担当する。

　この公衆衛生が登場する契機は、スペイン風邪（新型インフルエンザ）の大流行だった。第一次世界大戦時にヨーロッパ戦線の兵士間で流行したインフルエンザが1918（大正7）年に日本に上陸し猛威を振るった。その予防と拡大阻止のために内務省衛生局は地方自治体を督励した。その実態は、内務省衛生局『流

6）　朝鮮青年総同盟の綱領は、1．大衆本位の新社会の建設をはかる、2．朝鮮民族解放運動の先駆者となることを期す、であり、結成当時は、加盟団体数223団体、会員数3万7,000人あまりだった（高峻石『朝鮮革命運動史　第1巻　日本の侵略と民族解放闘争』社会評論社、1983年）。1924年当時総督府が組織した青年団の朝鮮人青年数は10万人あまりだった（朝鮮総督府編『朝鮮教育要覧』朝鮮総督府学務局、1926年）。
7）　台湾の青年団については、宮崎聖子『植民地期台湾における青年と地域の変容』御茶の水書房、2008年が詳しい。

行性感冒─「スペイン風邪」大流行の記録』（1921年、2008年に平凡社から復刻）
に治療法、病理所見、ポスター、諸外国の状況などが克明に報告されていて、
この書自体が予防のための教科書のようであった。

　この書掲載のポスターは印象的で、各県の取り組みには創造性が見られる。
静岡県は活動写真（映画）を作り、それに解説者（弁士）を組み合わせ、印刷
物についてはこう記している。「従来の難渋なる章句は宣伝に適せざるを察し
本省の宣伝、文字に準じ極めて簡潔明瞭なる語句を用ひ流感予防の主旨を印刷
頒布し市町村をして更に複製頒布方奨励したり」と（同書193p）。住民の努力と
専門家・行政の支援で健康維持のために行われる公衆衛生は住民の理解がなけ
ればならなかった。そのことに、このインフルエンザの予防活動で気づいたの
である。その意味で、社会教育活動を含んでいた。

3.　社会教育団体の組織化

青年会の組織化

　青年の地域の公共組織は男女別で、男子は青年会、女子は女子青年会と呼ば
れ、町村単位で組織された。多くの場合中等学校、高等教育在学者以外の地域
在住勤労青年の全員加盟組織だった。したがって、義務教育終了後の青年の教
育は、学校教育として中学校、実業学校があり、社会教育としては低度職業教
育と公民教育を目的とした実業補習学校および青年会に分かれていた。大学に
進学できる中学校入学者は20世紀初めにはきわめて限られていて、1911年の入
学者は約5万3,000人だった。

　村の男子青年組織は近世には若者組、若連中と呼ばれて、子どもの集まりと
ともに村落共同体を維持する年齢階梯組織であった。女子には、娘宿があった
が、男子のような広がりはなかった。明治時代になると学校制度の確立などに
伴いその役割があいまいになり、不活発になっていた。しかし、日清戦争、日
露戦争の中で銃後を維持する組織として政府は注目し、青年会の組織化に乗り
出した。

　青年会への政府の関与は、日露戦争後から強まり1910年代に急速に進んだ。
それを示すものは、次の文部・内務両省の共同訓令である。1915（大正4）年

の「青年団体ノ指導発達ニ関スル件」（第一次訓令）、1918（大正7）年の「青年団ノ健全発達ニ資スヘキ要項」（第二次訓令）、1920（大正9）年の「青年団・内容整理並実質改善方」（第三次訓令）である。これらの訓令のうち、青年団の性格を規定したのは第一次訓令だった。第一次訓令は青年団を「忠孝ノ本義ヲ体シ品性ノ向上ヲ図リ体力ヲ増進シ実際生活ニ適切ナル智能ヲ研キ剛健勤勉克ク国家ノ進運ヲ不侍スルノ精神ト素質トヲ養成セシムル」「青年修養ノ機関」だとした。同時に出された通牒は、青年団組織を次のように定めた。年齢は義務教育修了から徴兵年齢に合わせて20歳まで、組織は基礎自治体単位、指導者（団長）は小学校校長、市町村長などの地方名望家、協力者は自治体職員、教員、警察官、在郷軍人、神官、僧侶など、財源は団員の勤労による収入によることにした。第二次共同訓令は青年会の事業を具体的に示した。

　第三次共同訓令は、団長は推薦あるいは選挙などで青年が選ぶことができるようにし、年齢も25歳までを可とした。第一次共同訓令による20歳までの年齢制限と上からの画一化が不評だったため自発性を引き出す必要に迫られたからだと考えられる。同時に25歳年齢制限は、25歳男子普通選挙権をにらみ公民として育成しようとしたからであった。この年齢制限は強制ではなく、長野県では30歳未満としていた。

　しかし、第三次共同訓令は青年会の官僚統制を撤回していなかった。青年会長を会員から選ぶことは町村会に限られ、町村会が加盟していた郡・市・県段階の青年団組織は、後述する長野県を除いて行政の長や教員が団長になっていた。1926年度でも全国町村青年会長の年齢は24歳までは26％に過ぎず、職種別では教員35％、町村長16％という状況で、青年会の自治からは遠かった[8]。1924（大正13）年には青年会（団）全国組織である大日本連合青年団が結成されたが、その初代理事長は元内務大臣一木喜徳郎で、10名の理事のうち5名は政府により選ばれた。そのため、青年会は半官半民団体といわれる。

　青年の団体は男女別で、女子の場合は女子青年会と呼ばれた。女子青年会は、処女会または小学校の同窓会あるいは婦人会の一部として始まり、1918（大正7）年には処女会の全国組織である処女会中央部ができていた。1926（大正15）

8）　大日本連合青年団調査部編『郡部青年団基本調査報告：団長、副団長調大正十五年度』大日本連合青年団（青年団基本調査資料、第一輯）1932年による。

年の文部・内務共同訓令「女子青年団体ノ指導誘掖ニ関スル件」は、「聖訓ニ本ツキ青年女子ヲシテ其ノ人格ヲ高メ健全ナル国民タルノ資質ヲ養ヒ女子ノ本分ヲ完フセシムル」「青年女子ノ修養機関」と女子青年会を位置づけた。そして、1927（昭和2）年に女子青年会の全国組織である大日本女子連合青年団が結成された。注意しなければならないのは、「国民タルノ資質」と言いながら、女子には選挙権が与えられていないため、男子と同じ国民としての権利を持っていなかったことである。

教化団体の組織化

さて、青年団体について述べてきたが、その他の団体についても触れておこう。1923（大正12）年の「国民精神作興ニ関スル詔書」を受けて、その普及徹底を目的にした教化団体連合会が1924（大正13）年に組織された。これには30あまりの全国団体が加盟したが、特に力を持っていたのは、財団法人日本青年館、修養団、中央報徳会であった。財団法人日本青年館は青年団の指導にあたった。中央報徳会は二宮尊徳の理念を現代に生かすことを目的に作られた。修養団は、1906（明治39）年に青山師範学校生徒であった蓮沼門三らによって創設された。これは「流汗鍛錬、同胞相愛」をスローガンに、天皇を神格化し神道と禅を取り入れた修養を行った。創立当時は小グループであったが、財界の大御所渋沢栄一から支持され、政府の支持も得て拡大し、一大教化団体となった。修養団は田沢義鋪を理事に迎えることによって青年団と結びつき、田沢が静岡県安倍郡長時代に行った天幕講習会を大々的に取り上げ修養の方法として定式化した[9]。

修養団の特徴は、日本青年館や中央報徳会が主に農民層に影響力を持っていたのに対し、労働者教育にも進出したことである。財界の大御所渋沢栄一の影響があったと考えられるが、1920（大正9）年に起こった八幡製鉄所の大争議に見られる労働運動が盛んになったことへの対策であった。修養団は、海軍工廠、大企業の工場に支部を作っていった。財界と政府は協力して、労使協調思想を普及するため1919（大正8）年に協調会を結成した。また大都市では社会教育行政によって労働者を対象にした成人教育講座が開かれるようになった。

9）　天幕とはテントのことで、天幕講習会とはテントを利用した野外の教育活動である。

コラム　公立初の公開図書閲覧施設——集書院

"書籍の公共圏"の誕生

日本の近代的な国立図書館の嚆矢は、1872年6月に設立伺の文部卿決裁を得て9月3日に開館した東京の書籍館である（のち帝国図書館、現国立国会図書館）。旧幕府直轄の学問所跡地・湯島聖堂内に、文部省博物局所管で設置された。貸出はなく有料だったが、身分を問わず利用できるとされた。

京都では、書籍商を営む大黒屋太郎右衛門、儒学者・三國幽眠、京都で17世紀以来仏書店を営む村上勘兵衛、近江出身で三國と交流のあった梅辻平格の4名が、1872年4月に貸本業の「集書会社」を設立、京都府に400両を寄付するとともに府の「集書院」運営を願い出、府はこれを受け入れた。9月に竣工、翌1873年5月15日に東洞院三条で開館した。公立図書館の嚆矢といえる（本書30p）。

1872年5月の『京都新聞』第28号は、「夫レ西洋文明ノ諸国ニ於テハ都府毎ニ文庫アリ之ヲ『ビフユリオテーキ』ト云ヒ日用ノ書籍図画等ヨリ古書珍書ニ至ルマデ万国ノ書皆備リ衆人ヲシテ随意ニ来リ読マシムトゾ〔中略〕各所蔵ノ書籍ヲ持出シ之ヲ会社ニ備ヘ置キ彼此互ニ交換シテ之ヲ読ミ又新著珍書ノ出ルニ随テ買ヒ入レ置キ衆人ノ望ニ応シテ貸シ与ヘ倶ニ知識ヲ広メテ以テ国家文明ノ意ヲ奉セン」と、「Library」の文字が入った旗を掲げる集書院の絵を添えて報じている。

記事には、「貴賤上下ノ別ナク貧書生ト雖モ自由ニ閲スルヲ得タリ〔中略〕集書院落成セハ実ニ万民ノ幸福ナリ」とも記され、身分や貧富の別なく、貧しい学生でも自由に閲覧できる公共図書館として、広く市民に利用されることを企図していたのだろう。

また、「明治六年京都府布令書」（第254号、1873年5月、個人蔵）には、「殆邑ニ不学之戸無く家ニ不学之児童無らんとす然レ共人ニ老少之別あり職ニ煩閑之異あり皆学校ニ入るを得す天下之形勢日に明ニ学術も亦月ニ進ミ新書珍籍時を逐て争ひ出つ皆学校ニ備るを得す是於而集書院を三條高倉之西ニ開き〔中略〕普く諸人之覧観ニ供ス」と記され、誰もが集書院で「宜く正職本業之余暇を以て此院ニ入り遊戯ニ費すの時間ニ換て」読書して世界を知ろうと呼びかけている。

集書院創設の背景には、福沢諭吉が紹介した西洋の図書館の影響があるといわれる。「西洋諸国の都府には文庫あり。『ビブリオテーキ』と云う。日用の書籍図画等より古書珍書に至るまで万国の書皆備り、衆人来りて随意に之を読むべし。〔中略〕竜動の文庫には書籍八十万巻あり。彼得堡（魯西亜の首府）の文庫には九十万巻、巴理斯の文庫には百五十万巻あり。仏人云う、巴理斯文庫の書を一列に並ぶるときは長さ七里なるべしと。」（福沢諭吉『西洋事情』初編1866年刊。慶應義塾大学出版会、2009年）

「ビブリオテーキ」（Bibliotek）はラテン語で図書館の意味である。福沢は1872年5月に京都の番組小学校を視察し（福沢「京都学校の記」1872年）、書籍縦覧所開設を提唱している。集書院蔵書には慶應義塾蔵書印のある『西洋事情』ほかの本もあり、集書院と慶應義塾の関係もみられる。

集書院の建物は88坪余だが、敷地は、東西は高倉通〜東洞院通、南北は三条通〜姉小路で3,087坪もあった。布令書記載の「集書院略則」によると入館料1日1銭5厘、開館8時〜17時、「門内ニテ飲食ハ勝手タルベク候事」となっていた。竹林熊彦によ

れば、「所謂開架式」であるが「書庫とい
つても特別の区画乃至書架があつたわけで
はなく、昔ながらの本箱が排列してあつた
に過ぎな」かったという。1881年には府へ
「幼童婦女子」向けの「心学童話」の時間
を設ける申請もしており、各種の試みも
行っていたようだ。

　かくして東京と京都に「書籍の公共圏」
（高山正也）が開かれたわけだが、集書院
は1876年1月に来館者漸減により経営難に
陥り、一切を京都府に返上する旨願い出て、
府直営となった。府は村上らを集書院御用
掛に任じて引き続き運営にあたらせたが、
大黒屋太郎右衛門の死、府が熱意を失うな
どの要因が重なり、1882年2月に閉鎖され
た。以上が1872年の集書会社設立から10年
ほどの歴史である。

京 都 散 策

　京都市営地下鉄烏丸線・東西線の烏丸御
池駅5番出口を出ると、三条通が東西に
走っている。南北を走る東洞院通との交差
点に中京郵便局、その東に京都文化博物
館がある。同局は、京都郵便電信局として
1902年に竣工した英国風のネオルネッサン
ス様式の旧庁舎で、今も郵便局として使わ
れている。集書院の位置は、府知事から文
部省への報告に「下京四区三條通り東洞院
東へ入」と記されており、1873年の外国人
向けマップには郵便局の東側にL（Li-
brary）が記載されている。

　三条通を郵便局から東へ7分ほど歩くと、
「1928ビル」（旧毎日新聞社京都支局）があ
る。『煙突屋ペロー』上映や各種集会の会
場となった1928年竣工のビルだ（本書73p、
84p）。

　三条通をさらに東進し、東山駅近くの白
川筋から神宮道へと歩いて岡崎公園、平安
神宮方面へ北上すると、集書院を源流とす
る京都府立図書館がある。近くには、京都

市京セラ美術館（京都市美術館）、ローム
シアター京都（京都会館）、京都市勧業館
みやこめっせなどが位置する。

　ロームシアター京都の北東に隣接して、
京都市美術館別館がある。もとは1930年建
築の京都市公会堂東館であり、入口脇に「全
国水平社創立の地」碑がある。本館は1917
年に建設された京都市公会堂で、市民に「岡
崎公会堂」と呼ばれ、諸式典や全国水平社
創立大会（1922年）、メーデー演説会（1923
年）などの歴史の舞台にもなった。1934年
の室戸台風で倒壊、その跡地に京都会館が
前川國男設計で1960年に建設された（2016
年に新装開場）。

　本書に登場する歴史の足跡をたどり、京
都散策してみるのもよいだろう。　（田所）

本コラムは、多くを京都府立図書館「集書
院150年記念展・プレイバック集書院」（2023
年10月〜12月）の展示史料と解説により、次
の文献も参照した（引用史料の原文も参考に、
補う形で筆者がふりがなを付した）。
竹林熊彦『近世日本文庫史』大雅堂、1948
年、京都府立総合資料館編『京都府百年の資
料』五　教育編　京都府、1972年、多田建次
『京都集書院—福沢諭吉と京都人脈』玉川大学
出版部、1998年、新藤透『図書館の日本史』
勉誠出版、2019年、高山正也『図書館の日本
文化史』ちくま新書、2022年、長尾宗典『帝
国図書館』中公新書、2023年、堀奈津子「京
都集書院150年—別の見かたで」『現代の図書
館』第61巻1号、2023年9月。

第3章　社会教育施設希求の動き

大阪市立北市民館（大阪市北区天神橋筋六丁目）1921年築
日本初の公営セツルメント。『行幸記念帖』（大阪市立北市民館、1929
年）より（田所所蔵）

1872年	書籍館設置（東京・湯島）
1904〜05年	日露戦争
1908年	戊申詔書　地方改良運動
1914〜18年	第一次世界大戦
1921年	大阪市市民館（北市民館）
1924年	東京帝国大学セツルメント
1925年	男子普通選挙法・治安維持法
1931年	満州事変
1933年	図書館令改正
1934年	図書館附帯施設論争

　本章では、戦前の社会教育のための施設条件の状況と、そのもとでの社会教育独自の施設希求や構想、そして実際の展開をたどる。前提として確認しておきたいのは、戦前日本の社会教育行政は施設軽視の傾向が顕著であったことである[1]。とはいえ、行政でも自己教育運動でも、学ぶ場の恒常的確保という施設問題は避けられない。本章では19世紀末から1930年代中葉までを中心に、行政と運動の双方について概観したい。

1.　新聞縦覧所と書籍館

　第1章で見たように、自由民権運動期は民権結社の憲法創造学習活動が盛んであった。豪農の居宅や寺社などが彼らの活動の場であったが、書籍や新聞の音読や意見交換によって内外の知識・情報を共有する場として、書籍縦覧所や新聞縦覧所があった。新聞縦覧所は、地方新聞発行が盛んになった背景のもとで、個人、組織、寺社、書店などが設立したもので、民衆による図書館創設の嚆矢として着目に値する。京都では、書店経営者や神職など有志4人が一般公衆への書物閲覧・貸出を行う民間の会員制図書館を目指して「集書会社」を設立した（1873〈明治6〉年許可）。

　新聞縦覧所が各地に設けられた時期に、政府は日本初の近代的な図書館を整備する。1872（明治5）年に文部省は書籍館を東京・湯島に設けた。1882（明治15）年には20館近くの公立の書籍館が各地に創設されるが、1886（明治19）年までに宮城県と高知県を除いてすべて廃止された。東京と同じ1872年に京都府が設立した公立の書籍館「集書院」は、その経営を京都の「集書会社」が担うことになった。「集書院」は木造洋館2階建で、利用は有料、書庫出入り自由であった。

　民権結社の書籍・新聞縦覧所も官公立の書籍館も、自由民権運動の終焉や脆弱な財政基盤のもと、長く継続できなかった。特に前者は、民衆自身が知識・情報を収集し、考え合う場—施設を日常生活圏内に作る試みであり、のちの青年文庫などの、地域での学習機会創出の伝統の草創期に位置づけることができ

1）　碓井正久「社会教育の概念」三井為友「社会教育の施設」長田新監修『社会教育』御茶の水書房、1961年。

よう[2]。しかし、図書館や博物館が地域に公的に計画設置される展開は、戦前にはあまりにも乏しかった。

2.　小学校校舎

　行政主導の社会教育事業の場として期待され、実際に使われたのは、小学校校舎である。20世紀前半までの日本の社会教育施設は、小学校校舎の借用形態が中心であった。

　「学制発布」の 3 年後、1875（明治 8 ）年段階の小学校の施設形態を見ると、その 8 割前後が既存施設転用であった。内訳は、寺院40.0％、民家32.4％、新築18.0％と続いていた[3]。校舎の新規建設を待たずに急いで学校教育制度を整えていくにあたって、通学可能な徒歩圏内、つまり地域社会に多数が集える既存施設の筆頭は寺院であった。しかし、しだいに小学校校舎が各地に建設されていく。草創期には、擬洋風建築校舎を代表する開智学校（長野県松本市）や京都市の番組小学校のように、地域社会の資金提供で校舎が建設される例も登場し、地域の共有物として小学校が位置づくことになる。

　しかし、1870年代後半以降の自由民権運動期になると、政談演説会会場として校舎を利用することを抑えるために1881（明治14）年に集会目的の学校使用禁止が定められ、1903（明治36）年の一部緩和まで続いた。寺院などの宗教施設を除くと、地域社会で多数集合・集会の格好の場は小学校校舎であったわけだが、政府は、民衆が集って知識・情報を獲得し集団的に意見を交わしたり考えたりする場として、校舎を使用することを厳しく制限した。

　校舎を社会教育目的で利活用する発想は、日露戦争（1904〜1905年）後の地方改良運動時に、海外事例を紹介する形で官民双方に見られた。1907（明治40）年に内務省地方局の少壮官僚有志は、『田園都市』（博文館、1908年）の中で欧米の学校施設利用例をあげているし、安部磯雄ら初期社会主義者も、社会教育目的の校舎活用をとなえている。平日の日中以外の時間に、校舎を地域住民のた

---

　2 ）　新聞縦覧所と書籍館については、前川恒雄・石井敦『新版　図書館の発見』NHK ブックス、2006年、117〜123p、髙山正也『歴史に見る日本の図書館─知的精華の受容と伝承』勁草書房、2016年、53〜59p、新藤透『図書館の日本史』勉誠出版、2019年、244〜267p。
　3 ）　井上久雄『学制論考』風間書房、1963年、207〜209p。

めに有効活用せよ、という主張であるとともに、地域の知識人である学校教員がその教化・教育にあたることが構想されていた。1908〜1917年に、大阪府東成郡生野村（現・大阪市）で村田宇一郎が実践した「学校中心自治民育」は、学校を軸に社会教育を行うもので、学校の機能と施設を用いたものであった[4]。

　第一次世界大戦（1914〜1918年）後に、校舎の一般利用制限が本格的に緩和され始める。その背景には民衆の動きがある。大正デモクラシーの思潮と運動である。都市民衆騒擾などのときに暴動（焼き打ち）を伴う屋外での運動から、普通選挙権獲得を目指す政治的権利拡大や生活・社会の改造を求める言論活動・文化運動が盛んになる。民衆勢力の政治的・社会的進出は集合・集会形態をも伴った。支配層は男子普通選挙実現（1925〈大正14〉年）で、公民教育による公民養成の必要を痛感し、しだいに小学校をはじめとする学校校舎が、社会教育も目的として盛んに使われることになる。

　文部官僚・関屋龍吉は、「何処へ行つても村で一番の建物は小学校であり、教員も亦平均して都会と村落に分配されてゐる」点を強調し、「普通選挙の実施と共に、選挙演説の会場に校舎を使用することを許すこととなつた。思ふに学校教育と相並んで社会教育が益々盛になりつゝある今日、其の中心機関となつてゆくのは矢張学校で、農村等にあつては殊にさうであるから、将来学校の校地校舎等の利用は益々多くなることであらう」と述べている[5]。文部省嘱託片岡重助は、校舎活用とともに、講堂や玄関の配置、暖房設備や夜間用照明、土足利用可能な土間の導入、成人も使える「伸縮自在なる机、腰掛」の提案など、学校施設・設備の改善もとなえた[6]。

　現場教員からも学校開放を求める声があった。東京市の神田尋常小学校訓導中村昇は、「単に政治運動に学校々舎を利用せしむるが如きを以て満足すべきでは決してない。この広い東京において、公会堂の少い東京市において、劇場以外衆人を容るゝ処は学校の外何物もないではないか。先づ市民の体育運動の為めに運動場及用具を提供すべし。学校図書を適当に利用せしむべし。教室講堂を市民の諸団体並に個人の適当と認むる集会に利用せしむべし〔中略〕この

4）　村田宇一郎『学校中心自治民育要義』宝文館、1910年。
5）　関屋龍吉『教育読本』日本評論社、1927年、25p、48〜49p。
6）　片岡重助『社会教化を中心としての学校経営指針』日比書院、1923年、264〜276p。

立派なる校舎をわずか一日数時間の使用に満足して堅く門戸を閉づるが如きは、共有物の社会性を没却したる精神による処といはざるをえない」[7]と主張している。

　1927（昭和2）年度に文部省の指示に従って実施した全2,973件の講座・講演会の会場は、小学校が全体の47.0％を占め、次いで中等学校10.6％、寺院が7.8％であった[8]。小学校校舎が社会教育行政の事業でいかに使われていたかがわかる。

　1930（昭和5）年度時点で東京市立小学校に併設された機関を見てみよう。東京市全体で見ると、尋常・高等小学校全180校のうち、85校（47.2％）に青年訓練所、実業補習学校、図書館、幼稚園、商工青年修養会などのいずれか一つないし複数が置かれていた。例えば日本橋区の城東尋常小学校には、青年訓練所（7学級）、実業補習学校（2学級）、東京市立日本橋図書館が併設されていた。教室を学校教育で使用しない時間帯に利用する借用形態だった。

　校舎開放が進むも、施設・設備が青年以上の年齢層や夜間利用に適していないため、実業補習学校の教員・生徒から改善要求や「独立校舎」「専用教室」を求める声が出た。実業補習学校は1935（昭和10）年に青年訓練所と統合し青年学校となるが、東京の青年学校で長く教育にあたった牛山栄治は、「小学校の寄生的存在」としての青年学校の実情を次のように述べている。「小使に用事を頼むことも遠慮がちで、小学校の応接室や、標本室の片隅に一、二脚の机を据えて夜間だけ職員室に借り受け、生徒の膝しかない小学校の小さい机にかけさせて、児童の大きな仮名文字の習字の一ぱいに掲示してある教室で授業が行はれるのだ。かうした教育の成果がはたしてどんなものであらうか」[9]。

　小学校校舎の借用形態での社会教育は、施設・設備面で十分ではなかった。そればかりでなく、学校教員の意識や閉鎖性などが障害となったケースもあった。「学校中心の社会教育、所謂スクール・センターが唱へられる割に、その発達を見ないのは、現在の学校其者が頗る非家庭的であつて、軍隊さへこれを厭ふが如き四角四面の無趣味、殺風景な感じを与へるために、人を惹きつける

7）　中村昇「児童教育の要諦と校舎の解放」『都市問題』1930年7月、79p。
8）　三井為友「社会教育の施設」前掲『社会教育』160～161p。
9）　牛山栄治『青年学校の一年間』福村書店、1943年、28～29p。

力がない」[10]とまで評され、社会教育独自の施設を希求する声や構想が生まれることになる。

3.　農村公会堂

　小学校校舎によらない独自の社会教育施設構想は、20世紀初頭からあった。井上亀五郎は1902年に農村公会堂構想を示している。

　　公会堂は彼等の公談場にして彼等は之に集りて談話し討議し演説すべし　公会堂は彼等の共同遊戯場にして彼等は公会堂の庭園に集りて角力撃剣柔術体操テニス、ベース、フート等を行ふべし　公会堂は彼らの共同宴会場にして彼らは是に集りて極神聖なる規律ある宴会を開くべし彼等は是を以て私人宴会の模範とすべし　公会堂は彼等の展覧会場にして彼等は毎年春秋の二期に於て農産物の共進会を開催すべし　公会堂は彼等の音楽及び舞踊会場にして彼等は時々是に集りて高尚なる音楽及び舞踊をなすべし　公会堂は彼等の幻燈会場にして彼等は時々幻燈会を開催して其映出せる絵画によりて幾多の知識を獲得すべし[11]

　農村公会堂は、農民の離農防止のため、農村に都市の「文明」を可視的にも機能的にも具現化する近代化装置として描かれた。日露戦後期になると、地方改良運動における「模範村」表彰で全国に名を馳せた広島県賀茂郡広村（現・呉市）の広村公会堂（1909年）など、実際に相当規模の施設が建設されることになる。全国行脚して地方改良の「伝道」を行った石田伝吉も、1914（大正3）年に農村公会堂建設を提唱している。役場や小学校などとあわせた配置など、都市計画的発想も見られる[12]。日露戦後期の農村公会堂の量的把握は困難だが、日露戦争の「紀念事業」として建設した事例が多かったという[13]。

---

10)　大阪セツルメント協会（賀川豊彦・志賀志那人ほか執筆）「セツルメントの建物と設備」『社会事業研究』1929年5月、18〜21p。

11)　井上亀五郎『農民の社会教育』（横井時敬校閲）、金港堂書籍、1902年、131p。

12)　石田伝吉『理想之村』大倉書店、1914年、734〜783、484p。石田伝吉については、郡司美枝『理想の村を求めて―地方改良の世界』同成社、2002年。

　先述の生野村における「自治民育」実践では、一国を固めるには一町村を固め、一町村を固めるには「一町村の単位たる部落から固めねばならぬ〔中略〕一部落にして百戸内外のものなら、世話の仕様によりては随分教化の功を現はす」と、部落（集落）単位の「自治民育」活動の必要がとなえられ、部落ごとに「最も有効に且容易に社会教育を施さうとするには、どうしても公会堂の設備」が必要とされた。常設の公会堂があれば、使用時間が限られる小学校校舎と異なり、天候に左右される農作業を邪魔せず教化が可能になるわけで、村内9部落の教化を教員6人に分担し、まず教員住宅に青年会所を付設した[14]。

　一方で、農民自身が公会堂を構想したり建設したりする例が、第一次世界大戦後に至ると見られるようになる。香川県綾歌郡坂本村では「地主金持階級」所有の公益倶楽部の会館を小作人講演会用に借用できなかったため、1924（大正13）年に農民会館を建設して農民運動や講演会等に活用した[15]。渋谷定輔の農民自治会の綱領（1925〈大正14〉年）は「農村文化の自治的建設」を据え、農村簡易中学・自由大学と並んで公会堂設営を掲げた[16]。福岡県宗像郡神興村の部落公会堂について、為藤五郎は「社会教育学校」として機能していると記している[17]。

　部落に建設される農村公会堂は、冠婚葬祭会場など農家の住宅機能の一部補完を担う場合もあり、「冗費節約」や生活改善の共同施設機能をも果たした。農村公会堂は、支配装置としての階級協調・融和機能や社会教育の機能を期待して「上から」提唱されることが多かったが、施設そのものが持つ生活経済上の利便性を農村共同体が期待する面も大きかったと考えられる。

13）　山崎延吉『農村教育論』洛陽堂、1914年、151〜153p。
14）　村田宇一郎『自治民育講話』京都府教育会、1914年、17p、籠谷次郎「地方改良運動と村の学校」『籠谷次郎日本教育史論集―明治期地方教育史の諸問題』大空社、1993年、281p、同「国民教育の展開」井口和起編『日清・日露戦争』吉川弘文館、1994年、193〜195p。
15）　「オレタチには金がないダガ力がある　団結の力がある！！　農民会館を建てる」「農村文化の黎明」『土地と自由』日本農民組合、1924年5月10日。
16）　渋谷定輔『農民哀史―野の魂と行動の記録』上巻、勁草書房、1970年、186〜187p。
17）　為藤五郎『現代農村の教育―教育村「神興」の真髄』東洋図書、1930年、177〜181p。

4. 青年施設

　前近代に年齢集団として若者組・若衆組があり、その拠点として若者宿・若衆宿と呼ばれる施設が存在した。近代に至っても存続したものもあるが、政府は青年の修養機関として青年会・青年団を組織化していった。日露戦後から第一次世界大戦期にかけて青年会・青年団設立が進むにつれ、青年倶楽部・青年会館が建設された[18]。

　官僚でのちに方面委員制度樹立に尽力した小河滋次郎は、1916（大正5）年に青年の「会員集合の場所たり得べき専用の建物を占有するに至らしむると云ふことが焦眉の急務」と主張した[19]。社会教育学者・春山作樹は、「青年会はその集会所を持つことが必要である。そしてその会場はまず第一には青年の倶楽部として利用さるべきであろう。その青年の club として利用される場合には、そこに Refreshment の設備がなければならぬ」と集会機能を起点とする施設・設備の必要を指摘し、集会室、食卓、読書室、「蓄音機の record」などをあげ、「Radio の装置も必要」と述べている[20]。

　全日本連合青年団の調査によると、1930（昭和5）年段階で青年団の「会館・倶楽部」は全国に1万9,453館あった。市部は533館、郡部は1万8,920館であり、農山漁村に青年施設が数多く設置されていた。郡部設置の施設のうち、1万1,142館（58.9%）の経営主体が「青年団本支分団」となっている。道府県別に館数のみで見れば、兵庫、鹿児島、北海道、岡山、佐賀の順に多い[21]。

　青年施設の傾向を神奈川県を例に見ると、施設名称は「青年会館」「倶楽部」のほか、地名・字名に「会館」を付けた館名、「集会所」「集合所」「会堂」「夜学堂・場」などの館名もある。建築費と労力は、「部内有志ノ寄附金ヲ以テ充

18）　末本誠・上野景三「戦前における公民館構想の系譜」横山宏・小林文人編著『公民館史資料集成』エイデル研究所、1986年。青年施設史料集成として「青少年施設の歴史」『財団法人日本青年館七十年史—日本における青年と青年施設の調査研究』財団法人日本青年館、1991年。
19）　小河滋次郎「青年団体に就て」『救済研究』4巻8号、1916年、774〜775p。
20）　春山作樹「社会教育学一般」1931年（春山作樹教授講義・聴講者ノート②『社会教育基本文献資料集成』第12巻、大空社、1992年、163p）。
21）　大日本連合青年団調査部編『全国青年団基本調査　昭和5年度』大日本連合青年団、1934年、228〜229p。

テタルモノ最モ多ク、次ハ部落ノ戸主ヘノ割当支出、団員ノ支出、或ハ青年団
ノ基本金ヲ以テ之ニ充テ、建築ニ際シテハ団員ハ多ク労働奉仕ヲシタル」と記
され、設備は、「図書、文庫、机、黒板、火鉢、炊事用具、柔剣道具、囲碁将
棋盤等トシ、庭内ニ体操場ヲ設ケ器械体操器具及相撲場ノ設ケアルモノアリ」
となっている。利用形態は、青年「団員ノ集会、戸主会、軍人分会、処女会其
他諸種ノ会合場ニ充ツルモノ多ク時ニ補習学校々舎タルモノ、団員合宿所ニ充
ツルモノアリ、尚養蚕共同飼育所繭売買所、部落民ノ一般娯楽場タルモノアリ」
となっていて広範である[22]。

　農村公会堂や青年会館・青年倶楽部は地域集会施設であり、コミュニティの
施設であるといえるが、それとともに、青年団などのアソシエーションの施設
でもあり、社会教育機能が期待された。

5.　社会教育独自施設の希求

　学校校舎の実際の利活用に難点が多々あったことから、社会教育独自の施設
の必要が論じられるようになる。都市部でとなえられた主張を見てみよう。
　東京市社会教育課長・池園哲太郎は、在任中の1930年に「社会教育会館」設
置をとなえている。彼は、「学校教育に相対して市民教育の責任を負担すべき
使命をもつものは社会教育であるが、市の社会教育の内容は兎も角、その外観
的設備は小学校舎のそれの如き威容もなく、之等学校の設備を利用して寄生的
役割を演じつゝあるの余儀なき事情にある」と指摘した。彼の描く施設像は、
「社会教育会館を各区に設置し、区内幾万の市民の教育の中心殿堂たらしめ〔中
略〕その会館を社会生活の向上と慰安のオアシスとして、清らかな社交高雅な
娯楽のクラブに充て、管理者は之を労働者の社会教育、商工徒弟の教育、青少
年大人の教育施設を講じて、市民の高き常識の涵養と自主的修養の道場たらし
め輔導組織の学園たらしめて、真に Social center としての実を挙げしむ」と
いうもので、英米のセツルメントを例示している[23]。
　文部官僚の小尾範治、関屋龍吉も、学校校舎を有す学校教育と、施設のない

　22）「青年団体会館ニ関スル調査」（1922年1月）『社会教育ニ関スル調査』第二輯、神奈川県教
　　務課、1923年5月、10～14p。

社会教育を対比して、社会教育のための独立・常設施設の整備の必要を主張しており、その際にセツルメントに着目して国内外の事例を紹介している[24]。

　教育学者・吉田熊次は、1934（昭和9）年に「綜合的社会教育機関」をとなえた。彼も学校教育と社会教育を営造物施設の有無で比較し、「厳めしい建物でなく、片苦しい場所でなく、人々が安易に集つて談笑の間に修養を積むことの出来る場所」が必要だと主張している。その場所を描く際にモデルにしたのは、国内外のセツルメントであった。

　　　近時我が国に於ても、各都市に市民館、又は隣保館等の名に於て、主として社会教育をなすために会館が建設せられ、一般市民に利用せられて好評を博して居る。是等を見ると乳幼児のためには託児所を設け、児童のためにはお伽噺、復習、劇等の倶楽部を作り、青年のためには夜学を行ひ、母親のためには母の会を設け、其の他図書室、運動場、講堂等を設けて一般大衆の利用に供し、医療施設をも併置して市民の衛生に注意する等、一つの綜合的な機関に於て社会教育のあらゆる仕事を網羅し、一般市民の教育的水準を高めることに役立つて居るのである。農村に於ても青年会館等は近時各地に設けられて来たが、将来は一村又は一部落を単位として社会教育のための会館が設けられ、都市に於ける市民館、隣保館の如きものが農村に於ても設けられて、文化の向上に役立つことが極めて望ましい〔中略〕市民館や隣保館は今日充分に活動し、利用されて居るとは言へぬとしても、将来社会教育の綜合的機関が生れるならば斯かる形態をとるであらう[25]。

23）　池園哲太郎「社会教育の提唱」『都市問題』1930年8月、30〜31p、同『青年と語る』同文館、1926年、29〜34p、同「現代青年と協同精神」政治教育協会編『政治教育講座』第1巻、政治教育協会、1927年、329〜331p。
24）　小尾範治「社会教育要論」文部省普通学務局編纂『成人教育』帝国書院、1926年、37〜38p、同『社会教育概論』大日本図書、1936年、178〜179p。関屋龍吉「社会教育の話」政治教育協会編『政治教育講座』第3巻、政治教育協会、1927年、279p、同『農村社会教育』農村更生叢書8、日本評論社、1933年、204〜209p。
25）　吉田熊次『社会教育原論』1934年、同文書院、312〜315p。

6.　川本宇之介の施設論とセツルメント

　こうした施設イメージにとどまらない理論的・体系的な社会教育施設論を提唱したのが、川本宇之介（1888～1960）であった。彼が著した『都市教育の研究』（1926年）や『社会教育の体系と施設経営』（1931年）は、都市社会教育施設論でもある。彼は欧米での視察研究をもとに、C・A・ペリーのコミュニティセンターをあげつつも、「我が国では、もつと教育的意味を附加して之を考察する必要があると思ふ」として、教育機能を有する施設を構想した。コミュニティセンター（Community Center）をもともと「自治体教化中心」と訳していたが、夜学校機能が分離して社交・娯楽・休養を主とするものへ変質したととらえて、「共同団体中心」という訳をあてている。そして、やや古い用法のソーシャルセンター（Social Center）を「社会教化中心」と訳出した[26]。

　川本の施設論は、施設に都市市民、特に中層と下層労働者が気軽に集って交流し、「無味にして且つ一種の寂寞孤独の感」を抱きやすい都市生活を豊かにすること、そして、学校教育以外の公民教育を施設で行うことによって「自治心涵養」を図ることを企図していた。さらに、そうした教育機会均等実現によって「革命」（都市民衆騒擾）の安全弁として施設が機能する、と展望していた[27]。彼は、トインビー・ホールや大阪市市民館などのセツルメントも参照して施設論を展開したが、社会事業に加えて、公民教育をはじめとする教育の側面からもアプローチし、「階級協調」、「思想善導」の機能を果たし社会体制・治安を維持する施設の必要を説いたのであった。

　こうした場を実現するためには、大規模な都市公会堂や上層の倶楽部ではなく、「一般に民衆的であつて、且つ狭い地域の中心となる会館」が必要で、教育機能を持つ小規模施設により、「隣人相互に或は社交的に相助け相慰め、或は協同して共通幸福の為に努力奉仕する」ことが可能になる、とした[28]。

　しかし、日本の実情をみると「我が国社会教育の根本的欠陥の一は、その教

26）　川本宇之介（東京市政調査会編）『都市教育の研究』東京市政調査会、1926年、466～468p。
27）　同上、297～298p。なお、宮坂広作はこの見解をもって川本の「ブルジョア・イデオロギーの露呈」と指摘している（『近代日本社会教育史の研究』法政大学出版局、1968年、346～347p）。
28）　同上、297～298p。

化会合の中心となる公館が無い」[29]。それは自治体の財政が窮乏しているからである。そこで、学校施設借用形態、つまり既存の小学校校舎の利活用による「社会教化中心」を展開する、という当面の代替案を提示したのだった。

　これまで紹介した川本宇之介ら社会教育論者たちが、施設イメージを形成したり、施設論を主張したりする際に共通して参照・言及したのがセツルメントであった[30]。学校との対比から導かれる常設施設の希求、モデルとしての国内外のセツルメントである。海外を参照する際は、アメリカのC・A・ペリーのコミュニティセンター、英米のセツルメント（トインビー・ホール、ハルハウス）、大阪市の公営セツルメントである市民館などが取り上げられた。諸事業を集約して、社会事業と社会教育の総合的な拠点とする施設像を描いたのである。

　第一次世界大戦後のイギリスでのセツルメントに、従来主流であったレジデンシャル・セツルメント（社会的セツルメント）からエデュケーショナル・セツルメント（教育的セツルメント）への変化が見られ、その動向が1920年代後半に日本に紹介された。社会事業・隣保事業界では、デラックス化する都市公営セツルメントを事業実践と乖離した「会館主義」「施設主義」と批判したり、都市部での小規模・簡易セツルメント提唱がなされたりした。

　セツルメントの大きな使命を「労働者階級の社会教育」と位置づけて教育的セツルメントの必要を説いた大林宗嗣[31]らの主張も登場したが、1926年に川上貫一は、セツルメントを社会教育に特化することは「社会悪の犠牲者」を放棄することにつながると批判した[32]。一方で、小島幸治は1928（昭和3）年に、総合的に事業を行う従来の「社会的セツルメントが行詰つて教育的セツルメントが発達するものと思ひます」と述べているし[33]、1933（昭和8）年に松本徳二は、生活経済問題の解決後に将来のセツルメントが「すべての民衆の文化的センター」になることは「空想」ではない、と述べている[34]。

29)　同上、627p。
30)　戦前日本のセツルメント史については、一番ケ瀬康子「日本セツルメント史素描」『日本女子大学紀要　文学部』13号、1963年。
31)　大林宗嗣『セッツルメントの研究』同人社、1926年。
32)　川上貫一「私設社会事業に於ける新生面」『社会事業研究』1926年6月、2p。
33)　小島幸治「教育的セツルメント問答」『社会事業』1928年1月、18p。小川利夫「わが国社会事業理論における社会教育観の系譜」『社会事業の諸問題』第10集、1962年、67～68p。
34)　松本徳二「セツルメントの哲学」『社会福利』17巻4号、1933年4月、13p。

　この論争には、地域施設の総合性・多機能性を強調するか、教育機能への特化へ向かうか、という、古今の施設論に通じる論点が見られる。実際に都市部のセツルメントは概して総合的な事業展開が見られ、教育的セツルメントへの移行は具体化しなかった。不況の深刻化に伴う生活難の現実やセツルメント事業への抑圧がしだいに厳しさを増していたのである。

7.　施設設置の発想の萌芽

　1920年代後半以降の大凶作や経済恐慌により農村は窮乏する。建築費捻出が困難となり施設の展開は停滞するが、政策側では、農山漁村経済更生運動における修練道場（農民道場）の設置（農林省）、農村隣保館の設置（厚生省）などが1930年代以降に見られた。後者は都市のセツルメントを農村に適用しようとした政策対応であり、不十分ながら施設設置をも通じた農村社会問題への対応模索が認められる。とはいえ、全体としては組織・団体を通じた農村の網羅的・全村的把握や増産運動・精神運動が主流で、総力戦に対応する農業経済策と精神作興策によって戦時体制を支えようとしていた。

　戦前社会教育行政関係での議論で、戦後の展開と照らして示唆に富むものとして、図書館附帯施設論争で示された「社会教育館」構想がある。図書館附帯施設論争とは、1933（昭和8）年に改正された図書館令第1条第2項「図書館ハ社会教育ニ関シ附帯施設ヲナスコトヲ得」という新規定の解釈をめぐって、1934（昭和9）年に石川県立図書館長の中田邦造と文部省社会教育局の松尾友雄との間で起きた論争である。

　その中で、松尾が私案として、実業補習学校と青年訓練所の統合に図書館をもあわせ、「社会教育館とでも云ふやうな営造物が法令上認められて、之が全面的に社会教育を実施する制度」を確立し、「営造物をもうけさせて、そこに待遇官を置いて之を経営してゆくと云う行き方」を構想した。これまで、「図書館、博物館、実業補習学校、青年訓練所、日曜学校、幼稚園（託児所）、成人教育施設、体育施設、民衆娯楽施設（青年倶楽部）等」の各分野で分立的普及を図り、「独立的施設の普及を要望して来たのであるが、一体町村に之等が総て独立的に実現し発達し得る可能性があるかどうか、町村の財政を考ふる時、

遺憾ながら不可能を断定せざるを得ない」ため、図書館に附帯する事業として「図書館社会教育」の展開とそのための営造物施設の必要をとなえた[35]。松尾構想は私案にとどまり図書館令改正だけで実現するものではなかったが、施設による社会教育の発想や模索が認められよう。

　このように、戦前社会教育行政による「上から」の教化では、小学校の校舎借用形態が主流であったし、施設設置よりも団体を通じた教化が中心であった。図書館や博物館を地域に広範に設置する発想も乏しかった。しかし、社会教育関係者の間では、社会教育独自の独立施設希求の声があった。実際の展開が皆無だったわけではなく、農村での青年施設建設や、都市でのセツルメントや労働会館の建設など、自己教育運動も含めて施設建設の模索が続いていた。これらの議論や展開は、学校教育や社会事業の領域との関係の中で官民双方に見られたわけだが、それは、社会教育とは何か、何に向けての学びの場か、という根源的・本質的な問いとも関わって、地域に対する政策的対応や労働者教育、生活経済問題や社会問題の解決など、その方向性や内容・方法によって多様であった。

　天皇制ファッシズム期へと向かう中で、自己教育運動は弾圧によって中断し、一方の行政では、地域での社会事業・隣保事業と社会教育の接近・交錯の発想、図書館を青年学校などと統合する「社会教育館」の私案が示されるケースもあった。しかし、戦時経済・物資窮乏のもとで施設設置の発想自体が現実性を失い、戦前の社会教育行政は団体中心、組織・運動論としての全村学校、精神運動の性格をいっそう濃くしていくことになる。

35）　松尾友雄「図書館令第一条第二項」『図書館雑誌』1934年2月、同「図書館の附帯事業に関する見解の対立」同、1934年4月。

第**4**章　自己教育運動の発展

大阪労働学校で講義する山本宣治（宇治山宣会蔵）

1912年	友愛会結成（1921年　日本労働総同盟）
1914〜18年	第一次世界大戦
1917年〜	木崎夏期大学
1920〜22年	新婦人協会
1921年	信濃自由大学開校
1922〜26年	木崎村小作争議
1921〜39年	日本労働学校（1921年　労働者教育協会設立）
1922〜37年	大阪労働学校
1922年	日本農民組合結成　全国水平社結成
1924年	信南自由大学開校（伊那自由大学）
1924〜38年	東京帝国大学セツルメント労働学校
1925年	細井和喜蔵『女工哀史』
1937〜45年	日中戦争

1.　女性の社会教育

　労働者が女性の労働問題に声を上げるのは1920年代大正デモクラシーの時代
からである。例えば、細井和喜蔵『女工哀史』(1925年、岩波文庫で復刻)、井上
みえ子『血涙をしぼらるる女工物語』(大阪労働学校、1927年)、佐倉啄二『製糸
女工虐待史』(1927年、信濃毎日新聞社から復刻)である。こうした活字・文章以
外に小唄で声を上げることが古くから見られた。

　すでに友愛会は、1916 (大正5) 年に婦人部を作り女性労働者の組織化に乗
り出し、準会員であった女性を翌年に正会員とした。しかし、彼女たちは重い
課題を持っていた。一つは、学力である。1913 (大正2) 年に東京モスリンに
入社した山内みなの自伝『山内みな自伝』(新宿書房、1985年) から見てみよう。
「友愛会の演説会があれば、私はできるだけ聞きにいきましたが、その演説の
中にでてくる『われわれ労働者はサクシュされている。リャクダツされている。
紡績女工はドレイである』なんていう言葉がまったくわかりません。こんな単
語は、書きとめておいては、休みに教会にいってききました」(同書43p)。当時
新しい知識や生き方を助言する教会があった。教会や茶話会などの集まりが学
習の場となっていた。

　他の一つの課題は心の持ちようの問題であった。歴史学者の安丸良夫は『女
工哀史』に収録されている小唄、たとえば「製糸工女が人間なれば／トンボ蝶々
も鳥のうち」などから「精神の世界でも自らを疎外するような意識形態は、製
糸・紡績などの女工たちに広く広がっていた」ことを指摘している[1]。それで
は、この「自らを疎外するような意識」は克服されたのであろうか。その克服
のためには、自分の仕事の価値と労働者が人間であることが認められる必要が
あった。しかし、それを主張できた女性は限られていた。

　先の井上みえ子は、その彼女の前掲本のなかで「私どもは同じ人間です。国
の宝であり人類生活に取りて最も大切なる仕事に命懸けで働いている私共が何
故こんなに悲惨な生活をせねばならないのでしょう」と訴えた。山内みなは、
1919 (大正8) 年の友愛会日本橋支部発会式でこう演説したという。これは記

1)　安丸良夫『日本の近代化と民衆思想』平凡社、1999年、114p。

憶によるので正確さはないが、当時の気持ちを表していると思われる。「私も
労働者、みなさんも労働者、同じ人間であるはずなのに、私は紡績女工とさげ
すまれる。私は一人前に、みなさんのように働いているのに、社会は同じ人間
として扱ってくれない。私はこんな社会はなおさなければだめだと思っている
ので、社会のためにこれから働きたいと思う」[2]。

　彼女たちはどこでそう気づいたのだろうか。それは、話を聞いてくれる場、
意見を言える場であった。できたばかりの労働組合や労働学校であり、開明的
なキリスト教の教会だった。紡績女工の多くは会社の寮に入っていた。多くの
寮は外出を許可制にしていたから、外出は貴重な自由時間であり、その時間は
知識を得る時間、相互教育の時間でもあった。

　一方女性が社会運動に参加するとき、普通選挙権の獲得とともに女性に対す
る差別撤廃を要求しなければならなかった。例えば、女性の政治活動への参加
を禁止していた治安警察法の改正あるいは撤廃を要求した人たちがいた。雑誌
『青踏』の創刊者平塚らいてう（1886〜1971、本名は平塚明、のち奥村明）と友愛
会本部書記だった市川房枝（1893〜1981）らは1920（大正 9 ）年に新婦人協会を
組織し、普通選挙権の獲得、治安警察法改正の運動を起こした。この新婦人協
会は綱領に「婦人の能力を自由に発達せしめるために男女の機会均等を主張す
ること」を入れ、規約で男女共学、婦人労働組合を作るため婦人労働者の学校
を作る、女子大学講座の開設、婦人会館の建設などの運動を行うことをうたっ
た。新婦人協会は、女性を対象とした夏期講習会を開き、また女性教師の組織
化を手がけたが、1922（大正11）年に解散してしまう。

2.　労働問題を解決する社会教育

　この時期、労働学校づくりが盛んになった。第一次世界大戦により日本の産
業が発展し労働者は急増した(1914年から20年までに282万人から448万人に増加した)。
争議件数が増加し、1912（大正元）年に組織された友愛会は、1921（大正10）年
に日本労働総同盟（以下労働総同盟）と改称し労働組合になった。1921年に総同
盟の外郭団体として労働者教育協会が設立された。労働者教育協会は「労働問

2）　山内みな『山内みな自伝—十二歳の紡績女工の生涯』新宿書房、1975年、43p。

題の適切なる解決に資するため労働者に社会教育を施し、且つ、労働問題に関する知識の普及を図る事」を目的にしていて、この年9月に日本労働学校を東京に開校した。これ以後、大阪（1922年）、神戸（1923年）、東京の日暮里と本所、京都、尼崎、堺、岡山（以上、1924年）に労働学校が生まれた。

　日本労働学校は、労働組合幹部の養成と一般労働者への知識の普及を目的に、労働問題の専門研究を目的にした本科と義務教育補習のための予科を置いた。入学資格は本科は高等小学校程度、予科は尋常小学校程度の学力を持つ者だったから、予科の教育内容は作文、数学、英語、国語という基礎的な科目であった。それに対し本科は工業政策、労働運動史、心理学、経済学、社会政策などで専門的だった。

　労働者教育協会の目的にある「社会教育」は知識を得ることを意味したが、このような社会教育のとらえ方は、1924（大正13）年に設立された東京帝国大学セツルメント（帝大セツルメント）労働学校にもあった。すなわち、セツルメントの任務は、「一つは知識の分与であって其中には自ら社会教育と人事相談と医療とが含まれねばならぬ」[3]といわれ、その「社会教育」として労働学校があったのである。この労働学校の科目は、経済学、政治学、日本社会史、労働法制、労働組合論、労働運動史、農村問題が常設科目で、その他に世界事情、エスペラント語があった。図書館が設けられ、少年工のために少年学校も設け、英語、国語、地理、歴史、経済学の初歩などを教えた。この1930年の第15期の受講生112名中33名は朝鮮人労働者だった[4]。

　大阪労働学校の創立宣言も教育の機会解放を要求し「我等は有産階級の独占から教育を解放すべき事を要求する」と述べた上で、労働学校はその機会を作り、人々が生かすことができる真理を学ぶ場であることを宣言した。すなわち、「併し学問は大学の専売ではない。去勢された、学問を切り売りする馬肉屋の如き大学に何の真理が学び得ようか、我等は生きた大学を要求する。我が労働学校には赤門もない、講堂もない、又高等官何等の位を持つ者も居ない。けれど其処には穢れざる真珠の如き真理がある。自由奔放なる少壮の学者が居る。

　3）　末弘厳太郎「東京帝国大学セツルメントの設立に就いて」福島正夫・川島武宜編『穂積・末弘両先生とセツルメント』東京大学セツルメント法律相談部、1963年、110p。
　4）　福島正雄・石田哲一・清水誠編『回想の東京帝大セツルメント』日本評論社、1984年、405p。

教える者も教わる者も熱と力がある。その教える所は深奥の学理でないとしても咀嚼すれば其の悉くが血となり肉となるべき真理がある。」と宣言した。

　大阪労働学校は1924（大正13）年中ごろから国家論、経済学、労働運動論を軸とするようになり、この年開校した京都と尼崎の労働学校は経済学、労働運動史、労働組合論を設けていた。当時の労働者の学歴は、紡績労働者を見てみると、男子の場合高等小学校卒者は約20％に過ぎず、尋常小学校不就学は17％であり、女子の場合は高等小学校卒はわずか1％に過ぎなかった[5]。関根悦郎は「現在の労働学校は大体高等小学校以上を標準として」いると指摘していた[6]から、多くの労働者には難しかったと思う。

　当時の労働学校には、講師難、教授法難、設備難、校舎難、財政難、授業料徴収難、就学者に対する企業・官憲による圧迫難の7難があったといわれている。そのため、先述した労働学校の多くは短命に終わったが、日本労働学校は1939（昭和14）年まで、大阪労働学校は1937（昭和12）年、帝大セツルメントの労働学校は1938（昭和13）年まで続いた。これらが長く続いた理由は、自分たちの校舎を持っていたことと資金を確保できたことである。日本労働学校は東京府や宮内省から助成を受け、大阪労働学校は労働組合の援助が大きかった。しかし、1937年に日中戦争が始まると開校は許されなくなった。

　講義中心では、放っておけば学生は来なくなる。そこで、ケース・メソッド教授法や[7]、「講師と生徒との間に立って、事務をとり、又生徒の質疑に応じ、生徒の個人的指導に当たる」[8]チューターシステムをとった。また、茶話会、クラス会が組織された。大阪労働学校ではクラス会選出の学生委員が経営に参加した。受講生は青年が多く、1924（大正13）年ころ日本労働学校受講生の平均年齢27歳、大阪と京都では20歳代がいちばん多かった。日本の性教育の開拓者

5）　細井和喜蔵『女工哀史』岩波文庫、2007年、272p。なお、大原社会問題研究所編『日本労働年鑑大正10年版』1921年によると、1920（大正9）年に労働者の学歴は高等小学校卒と尋常小学校卒の数がほぼ拮抗していて、前者が増加傾向にあると指摘している（170、171p）ので、細井が言っているように紡績労働者の学歴は低かった。
6）　関根悦郎『教育の社会的基礎』平凡社、1925年、482p。日本労働学校の学習期間は、1年間3学期制で入学金1円、授業料1円50銭だった。1925年ころコーヒー一杯10銭だった（1円は100銭）。大阪労働学校は、3学期制で授業料は1期3円、入学資格は「無産団体員」だった。
7）　「日本労働学校最初の卒業式」大原社会問題研究所編『日本労働年鑑大正12年版』1924年。
8）　福島・石田・清水編、前掲『回想の東京帝大セツルメント』395p。

山本宣治（1889～1929）が、京都労働学校で性教育を講義したのは青年の性と
人生の課題に応えようとしたからだと思われる。

　京都労働学校の第二代主事谷口善太郎（1899～1974）は、この労働学校で行
われた山本宣治の性教育の授業について講演会で次のように語っている。

　　　山本さんは、労働学校は労働組合に入ってまだ間のない労働者や、未組
　　織の労働者のくるところだから、その思想変革には最初にドカンとやる必
　　要があるという考えを持っていました。生物進化上のいわゆる「突然変異
　　説」の論理だったのでしょうか。あるとき—まあ、ご婦人がいらっしゃる
　　のでちょっと話しにくいのだけれども、学生の一人におまえ精虫を持って
　　来いと言う。みんな驚いたが、勇敢なのがいて、精虫を持って来る。そう
　　するとそれを顕微鏡で見せた。あれはね、一回で二億ぐらいいるんだって
　　ね。それが顕微鏡の中で無数に動いている。いや驚きましたねえ。これが、
　　一ぴき一ぴき人間になるんだと言うのだ、山本君は。そうしておいて彼は
　　言うんです。「センチになるな」。誰だって変な気になるのはあたりまえで
　　す。しかも意地が悪い。その次には、夜、花山の天文台につれて行きまし
　　た。そして、望遠鏡をのぞかせました。私ははじめて土星を見ました。そ
　　の輪のあるでっかいやつですよ。そして彼はニタニタしながらまたいうん
　　です。「センチになったらあかんでえ」。みんなかわるがわる望遠鏡をのぞ
　　いて黙りこくってしまいました。一滴二億の精虫と大宇宙—一体人生とは
　　何だろうとみんなが考えだしたのです。山本はいいました。「生物学的人
　　間の範囲の思考ではダメなことがわかったろう。歴史をつくることに生き
　　がいがあるんだよ。」
　（「戦前の労働者教育あれこれ」『月刊学習運動』労働者教育協会、1972年8月号）

　必要な知識を受け入れてもらうために、生活と行動を知識の教育に結びつけ
るにはどうしたら良いかという問題意識が生まれていた。これに応えたのは日
本労働組合評議会の教育方針「労働者教育運動に関する方針書」で、それを「東
京合同労組教育方針」「金属労働組合協議会方針」が発展させた。
　これらの方針の特徴は、労働者の生活と行動における経験と事実を踏まえ、

それらを自覚させて学習要求を引き出し、それを理論学習と結びつけていくことにあった。そのために工場での茶話会（お茶類、菓子をとりながらの話し合い）や討論会が重視された（「東京合同労働組合教育方針」）。金属労働組合協議会方針は、茶話会で取り上げる事項を詳細にあげた。賃金、家庭生活、労働時間、休日、雇用や、福利など現代でも通用する事項があげられている。そして、現実を理論的に理解し労働者階級としての自覚を呼び起こすために読書会、理論討論会を開催することにした。読書会の方法は、一章句ごとの読み合わせと解説、質疑、討論をするよう提案していた。これらは、労働学校が苦労していた理論の理解を、生活と教育を結合することによって成し遂げようとする、現代にも生かされている提案であった。この特徴は、水平社の教育方針（1926年水平社第5回大会で決定）にも取り入れられた。この方針は、被差別部落民に教育機会が閉ざされていること、教育機関で資本主義的教育が施されていることを批判し、「行動を通じての教育により、理論と実践とを統一すること」「理論の詰め込みを排して、お互いの討議と自発的に考えることを基礎に置くべき」こと、部落問題を資本主義と結びつけて必ず取り上げることを内容としていた。

3.　無産農民学校

　この時期、農民の自己教育運動も盛んになった。それは、村政を改革して村の教育を改革することと結びついていた。その運動を進めたのは、1922（大正11）年に結成された日本農民組合（日農）だった。日農は寄生地主制を廃止し、土地を耕作農民のものにする農地解放を要求した。1924（大正13）年の日農第3回大会で、農民組合青年部を作ることによって官製青年団を廃止すること、小学校教師に補習教育を一任しないことを決議した。翌年の第4回大会では、町村議会議員に農民組合から多数送り込み、町村改革と教育施設などの公共施設を完備することなどとともに常設の農民学校建設を決定した。

　群馬県強戸村では1920（大正9）年に結成された農民組合が日農に加盟して活動していたが、1925（大正14）年の村会議員選挙で組合所属議員が多数を占め、翌年には村長も組合員になった。これ以後村当局は、村税の改正、産業組合の結成などを行い、教育については貧困児童への就学奨励費の補助、義務寄

付金の撤廃を行った。他方で農民組合は、強戸農民学校と共愛女塾を作った。

　小作争議をきっかけにして無産農民学校を作ったのが、木崎村の農民組合だった。無産農民学校は、日農加盟の木崎村農民組合連合会によって闘われた小作争議の中で生まれた。新潟県は山形県や青森県と並んだ一千町歩地主がいた寄生大地主地帯であった。したがって、多くの小作人と貧農層が生活しており、農民組合はこの層の農民の教育要求に応えるため無産者託児所の設置、補習学校の充実、小学校教育の改善を要求していた。木崎村の小作争議は大地主への小作料減免要求から始まったが、地主側が小作地取り上げを計画したため、農民組合は耕作権確立と小学校の改革を求め、1926（大正15）年村立小学校の同盟休校を行った。

　同盟休校に入ると組合は、子弟のために塾形式の農民小学校を始めた。教師は、賀川豊彦の門下生であった黒田松雄、学生社会科学連合会の竹内五郎と鹿地亘、啓明会会員の元教師野口伝兵衛などであった。彼らによって基礎学力を充実し科学的な歴史観を育てる試みが行われた[9]。これを、文部省や県当局は抑圧したから、組合は「自らの経営によって教育機関を持つ」ことを意味する「教育の自由」を主張した[10]。

　この農民小学校を継続させるために、1926（大正15）年5月、無産農民学校協会が発足した。協会は「従来凡ゆる意味に於いて知的教養の門戸を閉鎖されて居た我等無産農民が我等自らの経営による教育機関を持ち、我等の子弟に比較的画一教育の弊害より脱却せしむる」（設立の趣旨）ことを目的とし、小学校令による農民組合小学校、児童日曜学校、図書館、高等農民学校、農民大学を計画した。会長には賀川豊彦がなった。

　協会は「趣旨」にあるように教育上の差別を問題にしていた。それに対し、天皇制政府は義務教育は四民平等であることを理由に農民小学校の計画中止を迫った[11]。そのため、組合側は小作争議を解決することを優先し、農民小学校

　9）　この点については、合田新介『木崎農民小学校の人びと』思想科学社、1979年所収の「山口隼郎の歴史授業」参照。

10）「日本農民組合新潟県連合会声明書」1926年7月、青木恵一郎「新潟県木崎村の農民闘争と教育問題」『国民教育研究』1号、1961年所収。

11）「無産小学校絶対許さぬ、四民平等の趣旨に反す、木崎で設立計画と文部省当局の意向」新潟県農地課編『新潟県農地改革資料』1957年、100p。

を断念して代わりに高等農民学校を黙認させた。高等農民学校は普通教科、農業技術、社会科学、農業経営の科目を総合的に準備し、部活動で生徒の自主活動を認める進歩的なものであった。

　学科と科目は次の通りであった。

　　本科
　　普通学科—国語・数学・博物・物理・化学・地理・歴史
　　特殊学科—普通作物・特有作物・病虫害・園芸・畜産・肥料学・土壌学・
　　　農業政策・農村問題
　　実習学科—農業
　　専修科男子部
　　　歴史（世界文化史、日本経済史、社会思想史）・経済学・数学・生物学・肥
　　　料学・農業問題・農村法律・農民美術・其他武道
　　専修科女子部
　　　裁縫・国語・算術・書方・婦人問題・家事・衛生

　本科は尋常小学校卒業を入学資格とし、専修科は入学資格を問わなかった。その授業の様子について協調会農村課の調査は次のようにまとめている。「詳にその課目の内容に就いて現行農林学校其他中等学校と比較するに、その名の示す如く甚だしく無産階級の意識をもったものであると同時に極めて実際的である。例えば国語科に於いてプロレタリア文芸を教へて無産階級的芸術に触れしむるが如き、歴史科に於いて世界各国の文化発展を究明すると共に経済史にも力を注いで社会の根本的機構である経済組織を研究せんとしたる如き前者の例であり、数学科に於いて数学の概念と実用計算のためのグラフを教えたる如き、又特有作物特に地方的なものに就いて力を致せる如き後者の例である。」[12]

　専修科男子部の学生は3名、北海道から来た北村某、台湾の謝神財、長野の由井茂也だった。北村と謝は農民組合から派遣されてきたが、由井は農民問題を学べる農学校だと思って入学してきた。彼によれば教育内容は、社会思想史、唯物史観、農民組合論、資本主義論で農業技術はなかったというから、実際は

12）　協調会農村課『小作争議地における農村事情の変化』1929年、14p。

農民組合幹部養成的性格を持っていたようだ。由井は故郷の長野県南佐久郡川上村に帰ったのち、後述する青年団自主化運動にこの学校で学んだことを生かし活躍する[13]。

4.　上越農民学校と少年団

　木崎村の経験は、1931（昭和6）年に新潟県和田村の農民組合に引き継がれた。その年に和田村に上越農民学校が開校した。この学校は全国農民組合（全農）和田村支部が経営し、「全国農民組合上越地区ニオイテ組織サレタル組合員子弟ニ対シ無産階級ノ立場ヨリスル教育ニヨッテ階級意識ノ昂揚ニツトム」（「上越農民学校規約第2条」）ことを目的にしていた。校長には組合長がなり、講師は三宅正一、今井一郎、稲村隆一、竹内五郎等の農民運動の経験者だった。そして、組合員から選ばれた評議員会と「全学生ヲ以テ組織シ校長並ニ主事ノ諮問セル事項ヲ決定ス」（規約第7条）る学生委員会が設けられた。学生委員会への諮問事項は、学校管理の方針・方法・教授方針・科目の決定、正規授業以外の会合であった。

　この学校は木崎村の農民学校を意識して作られていた。当時、農民組合オルグとして和田村で活動した沼田政次は「木崎争議にあたって無産農民学校がつくられ天下の耳目を聳動（しょうどう）をしたこともあって、上越に農民学校をつくろうというのが、私が農民運動に入った当初からの念願だった。」[14]という。しかし、その教育方法は生硬だった。教科は時事問題、農村問題、農民運動論、社会運動史、文学に分かれていたが、実際は沼田が作った謄写版刷り教科書『プロレタリア読本』で行われた。これは、社会主義の基礎理論、社会運動の実践、無産政党の現況、農村問題と農民運動、青年・婦人問題、詩・短歌からなっていた。そのほか、山川均『資本主義のからくり』、エンゲルス『家族・私有財産・国家の起源』、ベーベル『婦人論』などを半紙1、2枚に要約して教材にした。その基本的立場は「共産主義には反対の立場であったが、階級闘争を中心とす

---

13)　大串隆吉「新潟県高等農民学校から青年団自主化運動へ」『教育科学研究』10号、東京都立大学教育学研究室、1991年。
14)　沼田政次『榛の木の歌——無名農民運動者の自伝的回想』今日と明日社、1977年、129p。

るマルクス主義の影響のつよいもの」だった[15]。

　この農民学校が女性問題、家族問題を取り上げるようになったことは注目に値する。教科は尋常小学校卒業者が多い組合員には難しかったようである。農民学校の校舎は、もともと和田村下箱井地区の青年会が青年会館として建てたが、青年会員に組合員が多くなって組合が利用するようになったのである。したがって、当時の青年会長から見れば「占拠された」ことになり、青年会は実質的に崩壊してしまった[16]。

　和田村で1931（昭和6）年に小作料をめぐって争議が起こると少年団も組織された。これは、農民組合少年部と呼ばれて農民学校の事業となった。少年団は8歳から16歳までの子どもが入り、行商やビラ張りをし、デモにも参加した。このような活動は、農民組合の子ども会では一般的だったようである。このような活動を行えた理由を考える場合、当時の農村の子どもの状態を考える必要がある。農村の子どもは家族労働の一員だったから、農繁期になれば学校に行けない場合があり、学校は農繁期をにらんで夏休みなどを決め、家では「ガキラ」と呼ばれ親に従って働いていた。したがって、小作争議が家族ぐるみの闘いになれば、親の手伝いをするのは当然視されていた。一方、子どもは12、3歳ともなれば地主に土地を取られることに危機感を持つようになっていた[17]。

　農民組合が子ども会を指導するのは難しかったようだ。沼田政次は全農教育部に「ピオニールの訓練に頭を悩んでおります。御忙しい所ご迷惑ですが、ピオニールの教育方針・材料・資料をご教示くださいませんでせうか」と依頼の手紙（法政大学大原社会問題研究所蔵）を送っている。この悩みは少年団指導者に共通した悩みだった。そのため、全農青年部は、1931（昭和6）年8月に『全農ピオニーロ夏期教程』を発行し、翌年には新興教育研究所と協力して『ピオニール・トクホン』『ピオニールの友』を作成した。『全農ピオニーロ夏期教程』は、計算や読み書き問題が収録され、物語を載せたりして子ども向きに作る努

---

15)　同上、130p。
16)　同地の横田誠治の手紙によれば、当時の青年会長植木彖雄は次のように述べている。「昭和6年に当時の金で1000円達成。同年600円を青年会から拠出現在の公民館を建立し青年団活動を更に発展させるべく意気込んでいた折、小作争議起こり同年小作側に公民館を占拠され（これは小作側の農民学校といわれていた）ため遂に青年会を解散した」。
17)　沼田政次、前掲『榛の木の歌』130p、および当時のピオニールへの筆者の聞き取りによる。

力があるものの、性急に階級対立をわからせようとしたり、小作争議への参加
も促していた。

『ピオニール・トクホン』と『ピオニールの友』は、社会科の教材といえる
もので、階級対立を理解させようとする性急さはなくなり、満州事変や戦争の
悲惨さを父母の生活と結びつけて考えさせようとしており、また万歳事件や日
韓併合などの侵略や独立を考えさせるテーマや、生徒自治会の必要性を取り上
げていた。ここには、子どもの権利を自覚させることや侵略戦争を理解させよ
うとする努力が見られ、当時の日本の進路をめぐる問題を正面から取り上げた
時事的社会科教材といえた。これらの作品は、新興教育研究所と協力関係にあっ
た日本教育者労働組合の教師たちの子ども会作りの経験を生かしていた。それ
らには、黒滝ちから（神奈川県松林小学校）による松の花ピオニール、脇田英彦
（同平塚尋常高等小学校、1910〜1942）による馬入ピオニール、戸塚廉（静岡県掛川、
1907〜2007）による地域子ども会などがあった[18]。

このような活動に対し、文部省はどのような態度をとったのだろうか。内務
省は警察力によってその中心人物を逮捕し少年団を消滅させたが、文部省は対
抗できる少年団を作ろうとした。中島純は文部省の1932（昭和7）年訓令「児
童生徒ニ対スル校外生活指導ニ関スル件」は、ピオニールのような少年組織を
共産主義思想の実行と見て、それに対抗する意図があったと指摘している[19]。

5.　木崎夏期大学と自由大学

木崎夏期大学

大学レベルの教育の機会を作ろうとする運動は、長野県でも起こった。県の
視学官、師範学校長などにより1917（大正6）年3月に財団法人信濃通俗大学
会が設立された。信濃通俗大学会は、夏期大学の会場とするため南安曇郡にあ
る木崎湖畔に信濃公堂と宿舎を建てた。費用は独自財源と北安曇郡自治体と県

18）　『新興教育復刻版月報八』の井野川潔の「解説」、1975年。馬入ピオニールについては、坂元
　　　忠芳『教育の人民的発想―近代日本教育思想史研究への一視角』青木書店、1982年に詳しい。脇
　　　田英彦は、高等小学校の生徒を中心に自主的な学校自治会と馬入ピオニールを作ったとされる。
19）　上平泰博・田中治彦・中島純『少年団の歴史―戦前のボーイスカウト・学校少年団』萌文社、
　　　1996年、218p。

からの補助金だった。松本から大町間の信濃鉄道会社線では受講生の運賃は2割引の「学割」だった。この大学の特徴は気鋭の大学教授から1回だけの講演ではなく深く徹底的に学ぶことにあったから長期の合宿形式をとった。1917年8月開講の第1回は21日間であり、木崎湖での水泳講習や登山講習も行われた。国の文教政策から独立し、特定の立場にとらわれない自主的な教育機関を目指すことを表明していた[20]。

　木崎夏期大学は戦時中も休むことなく続けられ今日も行われている。大学の科目は、自然科学・哲学・社会科学・文学・国語学からなっていた。ただし、1928（昭和3）年から45（昭和20）年までは社会科学がなかった。1919（大正8）年には、神道国家主義者の筧 克彦や、マルクス主義者の道を歩み始めていた河上肇（当時よく読まれた『貧乏物語』の著者）が招かれ、2人で7日間の講義を行った。白樺派の有島武郎が1922（大正11）年に、長野善郎が1926（大正15）年に講義をした。受講生は教師が7割あまりを占めており、少数ながら女子専門学校を卒業した女性の姿も見られたという。

自由大学

　自由大学は、1921（大正10）年11月に長野県上田市で開校された信濃自由大学（1924〈大正13〉年に上田自由大学と改称）が最初で、その後、信南自由大学（1924年、のち伊那自由大学と改称）、上伊那自由大学、松本自由大学（以上長野県）、魚沼自由大学、八海自由大学、川口自由大学（以上新潟県）、群馬自由大学（群馬県）、福島自由大学（福島県）が作られた。

　上田自由大学の作られた上田・小県地域は長野県下伊那地域とともに有数の養蚕業地帯だった。自由大学設立の中心メンバーとなった金井正、山越脩蔵、猪坂直一は、養蚕農家の跡取りであり中等学校卒業者だった。彼らは『中央公論』『改造』を読み、吉野作造の民本主義に共感して1920年に信濃黎明会を結成した。彼らが求めていたのは自我の発現、個性の実現であった。そこで、土田杏村（1891〜1934）が主張する「絶対の自己教育」に共鳴し、信濃自由大学を創設した。

---

20)　長野県北安曇教育会編『信濃木崎夏期大学物語』信濃教育会出版部、1978年、45p。詳しい年表は、信濃木崎夏期大学のホームページを参照。http://www.kizakikakidai.sakura.ne.jp/ayumi.html

　信濃自由大学には土田杏村の教育理念が色濃く反映していた。土田は京都帝大哲学科で大学院まで学んでから文化学院の創設に携わり、「文化価値を求める」文化主義を主張していた。文化価値は人格が「不可欠の法則に支配される」「自然」と接触しながら、「自然的欲望の自我を陶冶」していく中で創造したものであるから[21]、自己教育が大事になる。

　その点について、「自由大学に就いて」（1923年）[22]で次のように述べている。「我々が銘々自分を教育して、一歩々々人格の自律を達して行くとすれば、其れが即ち教育の直接の目的」だから、教育は「絶対の自己教育」であり「終生の事業」なのであり、「労働しつゝ学ぶところの学校」でなければならないのである。その具体化のために、土田は教育の中央集権主義を批判し、地方の民衆に教育の機会を獲得させる「民衆化」「地方化」に加え、「教育の活動其れ自身の自律」を得るために「教権としての国家の管理を離れ、その地域の民衆自身の経営する」自由大学の設立を希望した[23]。上田自由大学はこうした土田の主張と向学心に燃えながら農村に定住せざるをえなかった青年との結びつきによって具体化された。

　1924（大正13）年には長野県下伊那郡飯田町で信南自由大学（のち伊那自由大学と改称）が開校された。パンフレット『信南自由大学趣旨書』は土田によって原案が書かれたが、横田憲二、平沢桂二の発起人青年によって補足され、土田の名で、開校の前年の1923（大正12）年に発表された[24]。補足個所は「結局高い教育は有資産者のみのもつ特権となるのである」と階級による分裂を示唆し、「我々の大学の教育は、団体として特に資本主義的でも無ければまた社会主義的でも無い。」と「団体として」を付け加え、個人としては社会主義的な

21)　これらの点については土田杏村「文化主義原論」『土田杏村全集』第2巻、第一書房、1936年、同全集第6巻、1935年所収の「教育目的論」参照。復刻版は1982年に日本図書センターから出版。
22)　自由大学研究会編『自由大学運動と現代―自由大学運動60周年集会報告集』信州白樺、1983年所収。
23)　土田杏村「プロレットカルト論」『中央公論』1923年夏期増刊号所収および、今井清一編集・解説『近代日本思想大系34　大正思想集』第2巻、筑摩書房、1978年所収。「信濃自由大学趣意書」の「設立の趣意」には、「学問の中央集権的傾向を打破し、地方一般の民衆が其の産業に従事しつつ、自由に大学教育を受ける機会」を作ることがうたわれ、講座の種類には哲学関係から、社会学、心理学、教育学、法学、経済学、社会政策までが並べられていた。
24)　山野春雄編著『自由大学運動資料　自由大学関係書簡（横田家所蔵）』自由大学研究会、1973年。

考えを持つ人がいることを示唆していた。少し長くなるが全文を紹介する。

　　『信南自由大学趣旨書』
　　設立の趣旨　　　　　　　　　　　　　　　　　　　　土田杏村
　　現在の教育制度によれば、学習の能力さへあるものならば、小学から中学、高等学校、大学と、何処までも高い教育を受ける事が出来る様になって居る。此の学校系統は、早く既に十七世紀に於て、コメニウスの創建したものであったが、彼の創建の趣旨とするところは、個人の稟賦<ruby>稟賦<rt>ひんぷ</rt></ruby>を何処までも完全に伸張し、我々の持つだゞ一つの要求も其儘に萎縮させられてはならないといふ事であった。然るに其後各国の制定した学校系統は、此の肝要なる趣旨を忘れ、其の創建した学校系統の形式だけを無批判的に踏襲する傾向を示した。いかにも此の制度の形式はすべての民衆に教育の機会を与へ、最高学府としての大学は其の門戸を何人にも開放して居るではあらう、併し其の教育を受ける為めには、人は莫大の経済的資力を必要とする。其莫大なる教育費を持たないものは永遠に高い教育を受ける機会を持たず、結局高い教育は有資産者のみの持つ特権となるのである。
　　今や各国の教育は、コメニウスの学校に帰らねばならぬ必要を痛感しはじめた。其結果として、理論的には社会的教育の思潮が盛んとなって来るし、事実的には成人教育の運動が全〔前〕世紀に比類の無い発達を示した。そしてコメニウスの学校の本義から言へば、民衆が労働しつゝ生涯学ぶ民衆大学、即ち我々の自由大学こそは教育の本流だと見られなければならぬことが、強く主張せられるに至った。
　　教育は僅かに二十年や三十年の年限内に済むものでは無い。我々の生産的労働が生涯に亘って為さねばならぬと同じ理を以て、教育は我々の生涯に亘って為される大事業である。教育により自己が無限に生長しつつある事を除いて、生活の意義は無い。随って教育の期間が、人生の中の或る特定の時代にのみ限られ其の教育期間には、人はすべて農圃と工場とより離籍することは不自然であると思ふ。我々は労働と教育との結合を第一に重要なるものと考へる。マルクスは、幼年者の労働には必ずしも反対せず、其れにより労働と教育とが結び付けられ得るならば却って悦ぶ可きことで

あるとさへした。我々は労働しつゝ学ぶ自由大学こそ、学校としての本義を発揮しつゝあるものと考へる。自由大学は補習教育や大学拡張教育では無い。

　我々の自由大学は、最も自由なる態度を以て思想の全体を研究して行きたい。併し教育は宣伝では無いから、我々の大学の教育は、団体として特に資本主義的でもなければまた社会主義的でも無い。講師の主張には種々の特色があらう。其等の批判を、自分自身で決定し得る精神能力と教養とを得ることが、我々の教育の眼目である。我々は飽までも其の自由を保留し得る為めに、すべての外的関係とは没交渉に進んで行きたい。我々の自由大学こそは、我々自身が我々自身の力を以て、我々自身の中に建設した、最も自由なる最も堅固なる一の教育機関である。

　1924（大正13）年8月には各地の自由大学の連絡機関として自由大学協会が上田で発足した。しかし、このころから上田自由大学は聴講者の減少により財政難に見舞われ、1926（大正15）年3月に中断する。けれども、1928（昭和3）年3月に高倉輝（1891～1986）と小県連合青年団によって再建され1930（昭和5）年まで続いた。再建された自由大学には、貧農や農民組合員が参加するようになり「知識より分析を多く要求する」[25]ようになった。講師は高倉輝、三木清（1897～1945）、安田徳太郎（1898～1983）という社会運動に関係した知識人がなった。

　一方、伊那自由大学は教育の場を身近にするため、村単位に自由大学を作り始めた。「伊那自由大学千代村支部設立趣旨書」は、自由大学により教育機会を作るだけでなく、地域および生活の改革に向けて学ぶことを明確にしている。そしてそのために地域の教育改革を行うことを鮮明にしている。すなわち、伊那自由大学を受講することによって、「精神的な意味の生活というものを全く持っていない」若者—吾々が「いつか知らぬ間に吾々はそれ以前と違った吾々を発見した」。それゆえ、伊那自由大学千代村支部を作り、自由大学を運営するだけでなく、公開講座を開き、実業補習学校、図書館を改善する。そして社

25）　山野晴雄「自由大学運動の生成とその展開」『自由大学運動60周年記念誌—自由大学研究別冊2』自由大学研究会、1981年。

会分析をする研究会を開き、ゆくゆくは「千代村の経済統計などがつくられ生
産関係」の助けになることを期待していた[26]。この趣旨書が書かれた1927（昭
和2）年以降、千代村支部では今川尚「経済原論」(1927年11月)、高倉輝「日本
民族史」(1928年12月1日より4日間)、藤田喜作「農村社会について」(1929年2
月に3日間)、三木清「経済学の哲学的基礎」(1929年2月29日)、高倉輝「日本民
族史研究」(1929年12月20日) が開かれている。

26)　山野晴雄編著『自由大学運動資料―伊那自由大学関係書簡（横田家所蔵)』自由大学研究会、
　　1973年、127〜129p。千代村の活動については、大串「長野県下伊那郡旧千代村役場青年教育
　　関係資料と解説―青年会自主化から産業組合青年連盟まで」東京都立大学『人文学報』130号、
　　1978年3月。

第5章　青年会自主化運動の展開

旧・日本青年館（東京・明治神宮外苑）1925年築
（「日本青年館絵葉書（宿泊記念）」田所所蔵）

1920年	「青年団・内容整理並実質改善方」（第三次訓令）
1922年	下伊那自由青年連盟結成
1926年	青年訓練所令　このころ、青年訓練所廃止運動
1927年	金融恐慌（1929年 世界大恐慌　1930年 昭和大恐慌）
1931年	満州事変
1935年	青年学校（青年訓練所と実業補習学校の合併）
1937～45年	日中戦争
1939年	青年学校義務化

1.　青年会自主化運動の発生

　青年会自主化運動は、官製青年会の改造を求め、教育の自由、青年会活動の
自由、教育の機会均等を目指した運動である。これは社会主義運動の影響を受
けた秋田県土崎地域、政権与党政友会の青年支配に反発し青年の自主的教育を
目指した茨城県水海道地域にも見られるが、長野県の場合が最も長期にわたり、
町村青年会だけでなく県連合青年団の自主化も行われたので長野県を取り上げ
る。

　長野県の青年会自主化運動は下伊那地域から始まった。もともとこの地域は
塩の道だったため、文化交流が活発な地域だった。それに加え養蚕業の興隆は、
横浜やアメリカの市場動向に人々を敏感にさせ経済や政治への関心を強めさせ
た。また、養蚕業の興隆は現金収入をもたらし、農民層─特に中農層は文化活
動をする余裕を持った。しかも、大地主がいないため中農層が一つの階層とな
り、中農層相互がつながって文化活動が盛んだった。1910年代になると大正デ
モクラシーの影響を受けた文化活動が活発になり、白樺派の作品、『中央公論』
『改造』が読まれるようになった。

　1910年代には大正自由教育が下伊那郡の教育界に広がった。それは小学校だ
けではなく青年が通っていた実業補習学校でも行われた。その影響もあって、
白樺派の作品やトルストイなどの人道主義的著作を読み短歌制作の中で自己の
尊厳を主張する青年が現れた。この要求はしばしば封建的家族制度のもとで親
と衝突し、青年の中央文化へのあこがれと重なって「家」からの自立要求となっ
た。ここから、大人世代＝保守、青年世代＝進歩という世代論的発想が生まれ、
青年会を管理する町村長などの大人から青年会を青年のものにする「青年団は、
青年のため、青年自身に寄りて作られたる団体」であるとする青年会自主化運
動が始まった。それはまず、役員を青年会員から選ぶこと、年齢を若者に制限
することから始まった。

　町村青年会の自主化を指導方法として認めた1920（大正9）年の内務・文部
両省の共同訓令によって自主化運動ははずみをつけ下伊那郡全域にさらに長野
県全体に広がった。そして、政治を官僚・軍閥から民衆のものへという民本主

義や、軍国主義による青年支配に反対する社会主義の影響を受け、大人世代からの独立から、官僚・軍閥からの独立を主張するようになった。そして、青年会が民衆青年の教育機関だったことから、青年の教育の自由を主張した。下伊那郡青年会が1924（大正13）年に出した「反動思想の擡頭に鑑み下伊那郡青年会の立場を宣明す」はこうした主張をよく示している。

教育機会の創造

　下伊那地域では青年団以外の青年運動が起こっていた。1922（大正11）年に社会主義に未来を求めた青年たちによって下伊那自由青年連盟が結成された。この中心メンバー羽生三七（1904〜1985、元参議院議員）は、自我を生かすために短歌運動に参加していたが、1922年に東京で開かれた早稲田大学文化会主催の社会問題講習会に参加した際に山川均（1880〜1958）ら社会主義者と会ったのち下伊那に帰り、下伊那自由青年連盟とその中核組織 LYL（Liberal Young League）[1] を結成した。自由青年連盟は機関紙『第一線』を発行し、会員は200名を超し、青年会自主化運動に影響を与えたが、1923（大正12）年に幹部が検挙され解散した。その後羽生らは下伊那政治研究会を結成し機関紙『政治と青年』を発行した。

　自由青年連盟の機関紙『第一線』と政治研究会下伊那支部機関紙『政治と青年』には、教育への批判と提言がたびたび載せられている。それは、こういうものだった。

　青年の教育の機会は、無産階級と有産階級・支配階級とに分かれている。中等学校・大学は主として有産階級の子弟が進学し、無産階級の青年にあるのは実業補習学校と青年会である。しかもいずれも教育内容は、支配階級によって決められている。すなわち、「教育の独専とは我々が大学へ行かれないと云ふ独専だけではない。資本家階級、特権階級者が政治上の支配者たると同時に教育上に於いても支配者である。従ってその教育内容は彼らのための哲学と科学を持つに至る」と主張した[2]。したがって、働く青年に合った教育機会と教育内容が作られねばならない。それは、青年会、実業補習学校を自主化すること

と自由大学のような独自の教育機会を作ることである。そこでの教育は、「生活に即する」あるいは「働いている人の糧になる」ものでなければならない。そのためには「科学的に実証」することが必要であり、同時に生き方の選択につなげることができる社会科学を意味する[3]。

　この主張は下伊那郡青年会に影響を及ぼした。1926（大正15）年2月開催の下伊那郡青年研究大会で採択された声明書は、青年教育への公費負担を要求してこう主張した。「国家や府県は一部特権階級の子弟を教育するために高等学府に莫大な出資をしているが一般青年大衆は圏外におかれている。青年団の青年教育費は多数民衆を教育する重要性からみても当然国家或いは自治体が支弁すべきものであろう」[4]。また、「一般方針書」では「科学的な研究討議の自由」を要求した[5]。これらの主張は戦後の教育の民主的原則「サポート・バット・ノー・コントロール」につながる。また教育内容について、「社会活動によって社会意識を獲得し、社会機構の根本を究明する積極的教養、生活体験の教養が必要である」[6]と指摘した。これは社会教育の特徴を表し、戦後の共同学習や生活記録学習につながる発想であった。

　研究討論が活発な村の青年会も現れ、郡青年会では研究集会を開くようになった。また、従来各集落に作られていた文庫を青年会が経営し、郡青年会は郡立図書館建設運動を起こした。実業補習学校の教科内容の決定に青年会が参加する所も生まれた。これには、大正自由教育の影響を受けた教師・校長の理解があったと考えられる[7]。このようにして、青年の手によって自由大学、文庫、研究集会などの学習機会が作られた。さらに新たな青年会づくりも始まっていた。長野県東筑摩郡上川手村では村有力者の反対を押し切って、青年会加入が認められていなかった被差別部落青年の加入を無条件で認める差別解消運動が起こった[8]。自主化された長野県連合青年団は、大日本連合青年団が開催

3）　望東生「青年運動について」『政治と青年』1925年1月10日号、20日号。
4）　長野県下伊那郡青年団史編纂委員会編『下伊那青年運動史―長野県下伊那郡青年団の五十年』国土社、1960年、82p。
5）　同上、84p。
6）　同上、84p。
7）　同上、35、36p。
8）　「昭和2年7月部落青年の青年会加盟差別事件につき東筑摩郡上川手村北村青年会抗議声明書」長野県編『長野県史近代史料編第8巻（1）　戸口　社会集団』長野県史刊行会、1987年。

した全国青年大会で自主化を働きかけたが、大日本連合青年団は受け入れなかった。

女子青年会

　女子青年会はどうだったのだろうか。千代村女子青年会はすでに1927（昭和2）年に自主化されたが、下伊那郡女子青年会の自主化が行われたのは、1933（昭和8）年1月だった。昭和大恐慌の中で農村経済の建て直しのために女子青年の協力が必要だという自覚から、女子青年会への男子青年会の働きかけが強くなり、共同での討論会、ニュース発行が行われ、プロレタリア文学サークルへの女子青年の参加も目立ち始めていたという[9]。こうした女子青年の積極性と男子青年会の支持が女子青年会の自主化に結びついたと考えられる。

　女子青年会の自主化は全国的に見て数少ない。しかし、前記外でも自主化の要求はあった。東京府南多摩郡川口村女子青年団の一女子青年は「男唱女従」に不満を持ち「女性の自由な伸張」のために女子青年会の自主化を要求している[10]。自主化を成し遂げた青年団に山梨県落合村女子青年団がある。この女子青年団は、1930（昭和5）年に団則を改正して「本団は落合村女子青年の教育機関となり現在女子としての進歩的知識を養うを以て目的とし、必然に専制的官僚的支配を排撃す」として自主化し、小学校の一室を借りて図書館を作った。当時この村では小作争議が行われていて、争議や女工、代用教員などの経験を通じて貧富の差や人格的な不平等に気づいた女子青年会員が先頭に立ったという[11]。

2.　自主化をめぐる対立

　ところで青年会には地域のほぼすべての青年が入っていたから、青年会員の思想・考えは様々だった。例えば、千代村北部支会の運営していた文庫の図書

　9）　大串隆吉「昭和大恐慌と青年会自主化運動―下伊那郡竜丘村、千代村を中心に」東京都立大学『人文学報』155号、1982年3月。

　10）　「所感」南多摩郡川口村女子青年団町田みね子、東京府女子青年団連合会『会報』創刊号、1930年。

　11）　大門正克「小作争議のなかの娘たち―山梨・落合争議」『歴史評論』1989年3月号。

貸出簿を見ると読書傾向は二つのタイプに分けられる。ひとつは、ドストエフスキー『罪と罰』、菊池寛『第二の接吻』などの小説と厨川白村『近代の恋愛観』、倉田百三『布施太子の入山』などの人生論関係を共通にしながら、山川均『資本主義のからくり』、マルクス『ゴータ綱領批判』等の社会科学書を読むタイプと読まないタイプである[12]。したがって、「青年のため、青年自身により作られたる団体」という点で一致しながら、その活動は様々になる可能性があった。

　これがはっきりしたのは、郡支配層が郡青年会を攻撃したときだった。郡支配層は1924（大正13）年に LYL を秘密結社として解散させたため、自由青年連盟は解散して無産政党づくりをしていた政治研究会の下伊那支部に改組した。同時に、支配層は下伊那郡の中心校だった飯田小学校の自由教育を抑圧した。そして、支配層は1923（大正12）年に天皇の名で出された「国民精神作興ニ関スル詔書」を国民に徹底させることを目的とした国民精神作興会を結成した。国民精神作興会は郡青年会の自主化運動を攻撃した結果、1925（大正14）年に上郷村ほか4カ村の青年会が郡青年会を脱退し下伊那郡連合青年会を結成した。これらの青年会は役員を会員によって選ぶ自主化を止めたわけではなかったが、「村の機構の一部としての村青年会」[13]と位置づけ、青年会を社交、娯楽も行う公民となる修養団体とした。そこには強烈な反共主義とともに、「個性の完成並びに人格相互の砥励修養によって各個人が完成人たると共に完成社会の樹立」を目指すことがあったように[14]人格主義が見て取れる。

　人格主義は先述の土田杏村がそうであったように、人格の自立的形成のため強制に対し批判的であった。したがって、郡連合青年会は「自主協同の精神的結合により、自己の人格完成を期す」と自主化を否定したわけではなかった。しかし、実行綱領に青年訓練所入所は「国家社会全体の幸福」だ[15]としたように教育政策と自主性は矛盾したものととらえられていなかった。にもかかわらず、自由を求める気持ちは強く残っていた。例えば、上郷村青年会は1927（昭

---

12)　大串隆吉『青年団と国際交流の歴史』有信堂高文社、1999年。第2章で千代村青年会北部支会が運営していた文庫の図書貸出簿読書の傾向を分析している。
13)　上郷青年会編・発行『上郷青年会史』1933年、88p。
14)　同上、116p。
15)　前掲『下伊那青年運動史』80p。

和2）年に村立図書館建設運動を起こした。これは村当局に邪魔されないで、いつでも自由に集まって勉強、討論、活動する場がほしいという要求に支えられていた[16]。

3.　昭和大恐慌下の青年会自主化運動

　青年の自由への希望は昭和大恐慌の中で試練を受けた。昭和大恐慌は、繭値の大暴落により養蚕地帯に深刻な打撃を与えた。『信濃毎日新聞』は北信、中信の青年団の集まりを次のように特徴づけた。「今年の各総会に現れた一つの現象は例年と異なりいはゆる県内外の名士を招き思想問題や単純な政治問題の講演を聴かずモット真剣な態度で『どうしたら我等農民は食ひ得るか』の悲痛な事項につき会員同士の研究討論に花を咲かせている」[17]。

　長野県連合青年団は、1930（昭和5）年7月の代議員会で声明書を発表し、電灯料値下げ、青年訓練所廃止、高給俸給者減俸による市町村財政建て直しの運動を起こした。この活動の中から「階級青年団」論が生まれた。これは、小作争議などの中で貧農・小作人と地主の対立が激化したことを階級対立ととらえ、貧農・小作人の青年団を作る主張だった。

　青年は生活難打開の道をどのように求めるかの議論が、マルクス主義、農本主義、ファッシズム、対外進出論などによって闘わされるようになり、青年の対立は激しくなった。日本帝国主義が中国東北部への侵略を開始した1931（昭和6）年の満州事変と政党および財界幹部に対する右翼団体血盟団の暗殺事件は、県連合青年団内にも緊張をもたらした。電灯料値下げ運動に精力的に取り組み、階級青年団を作ろうとしていた下水内郡連合青年団幹事長春日佳一は、1932年の日記に次のように書いた。「三月二一日。第四回中部青年合同雄弁大会、午前一一時より約二〇名出演。満蒙問題、暗殺血盟団共に大部分の青年は異常なる影響を受けている」。

　長野県連合青年団の自主化運動に対し、県当局や警察は抑圧の姿勢をもって臨み、県当局は連合青年団を方向転換させるために補助金を打ち切り、1933（昭

16）　是枝英子『知恵の樹を育てる―信州上郷図書館物語』大月書店、1983年、88～89p。

17）　「何うしたら農民は食ひえるか」『信濃毎日新聞』1930年3月29日朝刊。

和8）年2月には県下の左翼運動を弾圧し、少なくない青年会指導者が逮捕された。これらによって、意見の相違が激しくなっていた県連合青年団は方針を転換し、1934（昭和9）年3月の町村青年代表者会議で大日本連合青年団の方針を受け入れ「一切の活動の基準を国民的自覚の下に求むべき」と決議した。

　「国民的自覚」とは、「満蒙問題に至っては、青年団の本質に鑑み、克く郷土を守り、銃後の責任を尽くし、慰問救護奉仕等出動軍人をして後顧の憂いなからしむるに務めなければならぬ。万一国際関係に於いて危機到来するが如きことあれば、陛下の指し給う所、我等は身命を捧げて、国家に殉じなければならぬ」ことを意味した[18]。長野県連合青年団は事務を県社会教育課に委託し、次第に自主性を失いはじめた。

4.　軍事教育反対運動

軍事教育批判

　初めての世界大戦だった第一次世界大戦では、戦死者数、民間人の被害と財政負担がそれまでの戦争からは想像できないほど大きかった。そこで、世界的に平和の希求が強くなり、1920（大正9）年に国際連盟が発足した。わが国でも戦争の実相が伝えられると民間から平和運動が生まれた。ヨーロッパ戦線を見聞し、敗戦の戦後ドイツを見た海軍大佐水野広徳が、「北仏戦場の惨景を見て現代戦争の恐るべく、忌むべく、厭うべく、呪うべきを知り、戦争に対する道徳観念に大きなる動揺と疑惑」をもち、「ドイツに来て、敗戦の惨苦に悩める社会の種々の相を見るに及び」「自分の軍国主義思想は根本から覆された」と軍人をやめたのは、その象徴的な出来事だった[19]。

　1918（大正7）年に発足した民間の国際的平和団体である国際連盟協会連合会の発足を受けて、1920年4月に渋沢栄一、阪谷芳郎、田川大吉郎が中心となって国際連盟協会日本支部が作られた。これは国民間の協力によって国際平和を作り上げようとするものだった。また、民本主義者吉野作造は、朝鮮放棄・独

18）　大日本連合青年団理事長後藤文夫告論「非常時に処すべき青年団の態度」（1932年9月）大日本青年団編『大日本青年団史』大日本青年団、1942年、347p。
19）　水野広徳著作刊行会『反骨の軍人・水野広徳』経済往来社、1978年、411p。

立を主張する論陣を張った。教育運動でも平和教育の主張が、日本教員組合啓明会の「教育改造の四綱領」によって出された。すなわちそれは、「全人類愛の精神に立脚して敵愾心を助長すべき教科を排斥」すること、「国際連盟の完全なる発達を期し、各国民相互の正当なる理解を促さんがために国際教育会議の開催を」要求した。

　このように平和の希求が生まれているときに、政府は1926（大正15）年、陸軍現役将校配属令（配属令と略す）と青年訓練所令を制定した。前者は中等教育機関、高等教育機関の学校で軍事教育を行うために陸軍の現役将校を配置し、後者は勤労青年の軍事教育機関として市町村に青年訓練所を設置する法律だった。配属令を審議した文政審議会で、阪谷芳郎は国際連盟ができたことによって国際的に平和維持に向かっているのだから国際不信を招くことになると反対した[20]。この反対意見は配属令反対論者にほぼ共通していた。

　大山郁夫は教育の本質から配属令、青年訓練所令に反対した。彼は、次のように論じた。教育は「個性の社会生活への展開の助成」であり、それは国民教育に生じる画一化と教育・研究の自由が抑圧されているもとではできない。「教育そのもの」である「真の意味における自由教育は、教育制度を如何なる階級の支配目的から遠ざけて教育そのものを教育制度の目的とするようにならなければ決して完全に実現され得るものではない」。そのためには、まず学生・生徒、教員、国民自身による「自治的共働を促進する」団体を作らねばならない[21]。この大山の教育論からすれば、軍事教練は当然否定されるべきであった。

　1923（大正12）年5月に大山の勤務する早稲田大学で軍事研究団事件が起こった。この事件は、同大学の乗馬研究会が大学当局の承認と陸軍省の援助を受け、砲兵・騎兵両兵科の研究・教練を目的にした軍事研究団を計画したことから起こった。この計画に対し反対運動が起こり、軍事研究団は解散した。大山は『早稲田大学新聞』1923年5月16日号に「早稲田人の立場から」を寄稿し、軍事研究団事件を社会科学研究の自由の戦いと位置づけ学生に共感を寄せた。

　配属令は公布されたが、反対運動には広範な人々が参加した。例えば、学生

---

20)　『諮詢第四号文政審議会速記録（1）』1924年。国立教育研究所内日本近代教育史料研究会編『資料文政審議会　第二集』明星大学出版部、1989年、236〜241p。
21)　大山郁夫「自由教育の制度的基礎」『我等』1921年9月号。

連合会を改称した学生社会科学連合会、国際連盟協会学生支部、都下大学新聞会連盟、教育擁護同盟と大山郁夫、尾崎行雄らの知識人が参加した。その詳しい経過は省略するが、当時高名な教育学者だった沢柳政太郎（1865～1927）のように軍事教練には賛成だが軍人の学校教育への参加に反対する者もいた。

青年訓練所反対の論理

　青年訓練所は、16歳から徴兵年齢の20歳まで４カ年の男子教育機関で、軍事予備教育を目的としていた。義務教育終了後の教育機関として16、17歳までの実業補習学校、高等小学校があったので、それらに接続して徴兵年齢までの準備教育が完成した。

　民衆青年の軍事教練は、最初青年会が担うことが計画され、青年訓練所生は青年会員であることから、青年会活動の自主性を奪うことが危惧された。例えば、『朝日新聞』1925（大正14）年７月５日の社説「青年団と神宮競技」、『信濃毎日新聞』1926（大正15）年１月19日「評論—軍事教育と青年団混同するなかれ」がある。下伊那郡青年会は、青年会活動の自由を抑圧するものとして反対運動を起こし、1925年12月に軍教反対宣伝集会を設けたが郡長により禁止された。水平社青年同盟は福岡連隊事件に見られる軍隊内の部落差別を批判して青年訓練所に反対した。1926年に結成された全日本無産青年同盟は、青年を軍国主義化し帝国主義の支持者にするものだとして反対した。しかし、修了生には1927（昭和２）年から在営期間２年間が半年短縮されたから、徴兵義務の中で青年訓練所に通うのは魅力的だった。そのためか、青年訓練所に入所し青年訓練所を自主化するという方針を全日本無産青年同盟、下伊那郡青年会はとったが[22]、長野県連合青年団は青年訓練所廃止、実業補習学校の充実を主張した。青年訓練所の廃止運動は、昭和大恐慌期の1929（昭和４）年前後に東北地方に

---

22)　下伊那郡では、千代村、鼎村、会地村の青年会で青年訓練所に対する姿勢が議論された。鼎村では青年会と青年訓練所主事との意見交換会が開かれ、訓練所、在郷軍人会、青年会、訓練所生による協議機関が設けられたが、訓練所主事が県から叱責され生かされなかった。千代村青年会は、訓練所援助を方針にしなかったし、会地村青年会はしばらくの間援助を拒否した。大串隆吉「青年訓練所反対運動の論理と実践（三）—長野県下伊那地方の場合２」東京都立大学『人文学報』113号、1976年３月。同「長野県下伊那郡旧千代村役場青年教育関係資料と解説—青年会自主化から産業組合青年連盟まで」『人文学報』130号、1978年３月、同「青年訓練所反対運動の論理と実践（小結）」『教育科学研究』２号、東京都立大学教育学研究室、1983年３月。

広がった[23]。

　青年訓練所反対の運動が配属令に反対した学生の場合と異なるのは、配属令では学生は一時的に地域の目から離れることができたが、青年訓練所は町村の地域に置かれたから、青年訓練所生は常に地域の目から離れることはできなかったことを考慮しなければならない。地域の目とは、地域の人々、あるいは公的に認められた村会・町内会のような社会勢力の目である。その地域の目を代表したのが軍事教練を指導した在郷軍人会員だった。注目すべきことは、下伊那地域ではこの在郷軍人会と青年訓練所反対者の公開討論会が1925（大正14）年12月に郡役所で郡長、郡視学、特高（特別高等警察）主任も出席し、新聞記者が取材する中で5時間にわたって、在郷軍人会10名と軍教反対同盟・政治研究会下伊那支部10名の間で行われた。『下伊那青年運動史』は「どちらも一方的な主張を強調し、平行線のまま散会となった」（105p）と述べている。また佐々木敏二は、『長野県下伊那社会主義運動史』（信州白樺、1978年）で「反対派の徹底した軍国主義反対論と軍人会側の国粋主義との対立を一層明瞭にしただけであった」（293p）と同趣旨のことを述べている。

　にもかかわらず、青年に対する地域の目として在郷軍人会をとらえた場合、在郷軍人会側の主張を反対側の主張と対比して確認しておくことは、地域の目がどこに向いていたかを知る上で大切である[24]。

　在郷軍人側の青年訓練所賛成理由をあげていく。①戦争は必然的に起こるもので、国防なき平和はない。徴兵は国民の義務である。②イギリス・アメリカ等も軍備を充実し、ボーイスカウトなどで青少年の訓練を行っており、中国・朝鮮を利用して日本に敵対している。③労働運動に見られる左傾分子の活動は危険思想である。④労働者といえども、戦争に負ければ祖国なき民となるだけである。⑤忠君愛国・尚武の気風は神武天皇以来の日本民族の特質である。

　これに対し軍教反対同盟・政治研究会下伊那支部側は次の反対理由をあげた。①日本は立憲国家であるから世論の意向を聞いて政策を決定するべきなのに、

　23）　青森県の様子については、大串隆吉「青年訓練所反対運動の論理と実践（一）」東京都立大学『人文学報』99号、1974年3月。
　24）　関島彦四郎編『軍教問題対談会記事』帝国在郷軍人会下伊那連合会分会事務所、1926年にまとめられている。これは南信新聞記者小菅紫水などの記録をもとにしており、軍教反対同盟側からの異議もなかったので利用する。

青年訓練所を計画する際にそれをしたとは思えない。②第一次大戦の惨禍ははなはだしく戦争は人類にとって何ら利益にならない。③軍国主義は社会の矛盾を資本家的に解決しようとするもので、民衆に多くの犠牲をもたらす。④軍備拡大競争は必ず新しい戦争を生み出す。⑤小樽高等商業学校の例に見られるように軍事教練は朝鮮人や民衆を敵にしている。⑥青年の体力を増進するためには、軍事教練するよりも休養を与えるべきだ。⑦軍事教練は科学の学習を抑圧し青年に進歩の方向を見失わせる。

　在郷軍人会側は、戦争は必然であることを前提に国の防衛のために国民の思想的シンボルとして軍備の充実を主張した。それに対し反対論者は、軍事教練は民衆と人類の利益に敵対すること、立憲国家としての手続きからも認められないと主張した。たしかに、両者は平行線だったが、一国からの観点と、世界に視野を広げようとする観点からは両者の立論の根拠が違い過ぎていたのである。そして、地域の目としての在郷軍人会の主張がその後の日本の歴史で優勢になり、反対論者の主張は第二次世界大戦後に市民権を得たことになる。

　青年訓練所は1935（昭和10）年に実業補習学校と合併して青年学校になり、その青年学校は1939（昭和14）年に義務制となった。その間、ここで紹介したような青年と青年訓練所当局者との対談は報告されていない。

第6章　抵抗の社会教育

旧・大阪毎日新聞社京都支局ビル（「大毎会館」1928ビル）1928年築
『煙突屋ペロー』が上映された（2016年田所撮影）

1932年	「満州国」建国　国際反戦会議（オランダ・アムステルダム）
1933年	国際連盟脱退　滝川事件　ヒトラー、ドイツ首相に就任
1935年	天皇機関説事件　『労働雑誌』発刊（～36年）
1936年	教学刷新評議会答申　日独防共協定　『土曜日』発刊（～37年）
1937～45年	日中戦争　1937年　文部省『国体の本義』国民精神総動員運動
1938年	国家総動員法
1939年	青年学校義務化　日本労働学校閉鎖
1940年	大政翼賛会発足　内閣情報局設置　日独伊三国同盟
1941年	大日本青少年団、大日本婦人会結成　教育審議会答申「社会教育ニ関スル件」
1941年	真珠湾攻撃・対米英宣戦布告
1942年	文部省教化局設置（社会教育局と宗教局を合併）、翌年教学局へ
1945年	都市空襲、沖縄戦、広島・長崎に原子爆弾投下　敗戦

1.　社会教育政策のファッシズム化

　ファッシズムの特徴は、「大衆を日常生活のレベルで画一的に組織し、一切の抵抗を根源から封殺し、権力の意のままに国民を動員してゆく」[1]ことにあった。それは世界を再分割する侵略性を備えていた（当時、ソヴィエト連邦でスターリンにより同様な政策がとられた。社会主義を標榜していたため社会ファッシズムといわれることがある）。わが国のファッシズム＝天皇制ファッシズムが、ドイツ、イタリアのファシズムと異なったのは、民衆の運動によってファッシズム体制になったのではなく、既存の政府により確立されたことである。それを支えた理念は、日本独自の天皇制イデオロギーを中核として世界再分割のイデオロギーである大東亜共栄圏思想を持っていたことである。

　それでは、日本の社会教育ではいつごろにそれは確立されたのであろうか。ここでは、1936（昭和11）年の教学刷新評議会の答申から1941（昭和16）年の教育審議会答申前までを天皇制ファッシズムによる社会教育体制形成期とし、それ以後1945（昭和20）年までを完成期とする。したがって、完成期は崩壊期に連なっている。自己教育運動は、完成期には存在しえなかった。後述する「天皇機関説事件」に見られるように、あらゆる民主主義的改革、表現・思想の自由が封殺された。形成期の段階では、政治批判が封殺される中で日常生活の場面から抵抗が行われた。日常生活が、それを統制しようとした社会教育政策との関係で焦点となった。

国家総動員
　1935（昭和10）年に起こった「天皇機関説事件」は、帝国憲法を立憲主義的に解釈した「天皇機関説」の代表的論客、東京帝大名誉教授美濃部達吉が、著書を発禁とされ貴族院議員の辞職に追い込まれた事件である。「天皇機関説」は、明治憲法の立憲的側面と神話的国体論的側面のうち前者に依拠して議会の権限を最大限拡大しようとした主張であった。この説は、1910年代に議会政治・政党政治が一応定着を見せていく理論的バックボーンになっていた。したがっ

　　1）　古屋哲夫「日本ファシズム論」『岩波講座　日本歴史20　近代7』岩波書店、1976年、80p。

て、政府による「天皇機関説」の否定は、議会政治の否定と思想・表現の自由
の否定を意味した。

　衆議院は1935年3月「天皇機関説」を否定する国体明徴決議を行った。する
と文部省は同年4月に訓令「教育及学術ニ関与スル者国体ノ本義ヲ明徴ニシ之
ニ基キテ其ノ任務達成方」を出し、同年11月には「国体ノ本義ヲ基トスル教育、
学術ノ刷新」のあり方を審議する教学刷新評議会を設置した。教学刷新評議会
は翌36年10月に「教学刷新ニ関スル答申」を出して「国体ノ真義ノ闡明ニハ統
治権ノ所在ヲ明ニスベキ」（フリガナは引用者）として、統治権の絶対的な主体
に天皇を置くことを要求した。

　この答申に基づき国体論を体系化したのが文部省編纂『国体の本義』（1937
年）だった。ここでは、「国体」は「萬世一系の天皇皇祖の神勅を奉じて永遠
にこれを統治し給ふ」ものとされ、国民は臣民として「生まれながらにして天
皇に奉仕し、皇国の道を行ずるもの」とされた。この説明は、日本特有とされ
る神話に基づいていた。したがって、この国体論は神話的国体論または日本主
義国体論と称される。この国体論に基づいて1937（昭和12）年に決められた青
年学校「教授及訓練要目」によって公民教育は変貌した。すなわち、その「修
身及公民科」の目的を「国体観念を明徴にし国家思想を涵養し特に忠君愛国の
大義を明にし献身奉公の心操を確立せる」ことに置き、「公民権の尊重」と「選
挙権」を要目から削り、公民に替えて臣民を登場させた。

　当時の日本は、1932（昭和7）年3月に日本の傀儡政権満州国を作ったが、
国際連盟総会はそれを承認しなかったため、4月国際連盟から脱退した。そし
て、さらに中国における権益を広げていこうとして1937年日中戦争が始まった。
このためオリンピックは1940（昭和15）年開催予定の東京が返上され、1948（昭
和23）年のロンドン大会まで開催されなかった。

　そして、1940年7月に成立した第二次近衛文麿内閣は、日満支（日本、満州
国、中国国民政府〈汪兆銘政権〉）が協力して大東亜秩序を建設することを方針と
した。その方針を教育理念として表したのが、翌年発表の文部省教学局編纂『臣
民の道』だった。これは、日満支三国による大東亜共栄圏の建設によって「世
界新秩序の建設」をすることを目的としていた。これは、結局のところナチス・
ドイツ、ムッソリーニのイタリアとともにファッシズム国家による世界再分割

を果たす「世界新秩序の建設」を意味した。

　この大東亜共栄圏の盟主になるために社会教育も役割を果たすことが、教育審議会答申の「興亜教育ニ関スル事項」に示されている。すなわち、「各種学校及社会教育ヲ通ジ東亜ニ関スル知識ノ習得、指導国民トシテノ識見ノ涵養並ニ海外進出ノ気風ノ養成ニ力メシムルコト」であった。天皇制ファッシズムの社会教育理念は、科学・技術の教育も重視した。これは、前記答申や『国体の本義』で触れられていて、産業の軍事化と重化学工業化のため、食糧増産、消費の節約などのために必要だったからである。青年学校義務制（1939年）の際に工場青年学校が重視されたのはこのためである。

　こうした教育理念は、どのように社会教育政策・行政に具体化されたのだろうか。教学刷新評議会答申の社会教育に関する部分は、教化団体・宗教団体・社会教育委員の活用、新聞・雑誌・ラジオなどのメディア、文芸・美術・音楽・演劇・映画などの文化活動、図書館・博物館などの社会教育施設の統制と活用を提案していた。これらは、1937（昭和12）年から開始された国民精神総動員運動（国民精動と略す）のなかに生かされ、国民精動は国家総動員法に発展し、その中で社会教育政策が変貌し整えられていく。

　その具体化は次のようだった。政府の機関である内閣情報委員会・内務省・文部省が中心となって内閣直属の国民精神総動員委員会、地方に地方実行委員会を設け、民間の運動体として教化団体からなる国民精神総動員連盟を設けた。同年内務・文部次官通牒「国民精神総動員ニ関スル件」が出され、日本精神の発揚、非常時経済政策への協力、資源の愛護という課題が設定された。しかし、実際は神社参拝などの動員方式が主だったため、1938（昭和13）年の国家総動員法に見られる国家総動員体制に応えるものではなかった。

　国家総動員法は、議会に諮ることなく天皇制政府がすべての政策決定と具体化の権限を持った授権立法で、天皇制ファッシズム体制の基本となる法律だった。国家総動員のためには、国民の精神・思想だけでなく、すべての能力・行動を生活の場から統制・組織しなければならない。そのために国民精動は、天皇制ファッシズムイデオロギーを国民の日常生活の中に生かすことが目指され、「日常生活に於ける実践と修練とを第一と」することが強調され、私生活をも「日常我等が私生活と呼ぶものも、畢竟これ臣民の道の実践」（『臣民の道』）と

そのイデオロギーの具体化の場とされた。

　軍事力の養成、すなわち兵士の養成と労働力養成のために、軍事教練を一つ
の柱とし、さらに労働力養成も目的として1935（昭和10）年に設置された青年
学校が、1939（昭和14）年に義務制にされた[2]。また、国民の体力育成が課題と
なり、政府は1940（昭和15）年に「国民体力ノ向上ヲ図ル為本法ノ定ムル所ニ
依リ国民ノ体力ヲ管理ス」ることを目的とした国民体力法を公布した。それを
担当したのは、1938（昭和13）年に新設された厚生省だった。厚生省には、文
部省が所管していた体育運動のうち一般国民を対象とする社会体育が移管され
たからだった。また、厚生省の保健衛生行政は、「国民生活ノ根底ニ横タハル
不合理性」の打破、「合理的科学的生活の確立」「栄養、衣服、住宅ノ改善」な
ど社会教育に関する仕事も担当した[3]。

　日常生活における社会教育は、部落会・町内会によって行われた。農村では、
昭和大恐慌によって崩壊する村落秩序を再編するために、部落会を中農層を指
導者として立て直すことが行われ、大都市では衛生組合として町内会組織が作
られていた。政府はこれらを全国へ組織することを計画し、1939（昭和14）年
に内務省と文部省は一連の通牒・訓令を発した[4]。これらによって、部落会・
町内会は国民精動の実践網になるとともに市町村の下部組織となり、また配
給・消費の規制など国家総動員の下部組織となった。そして、基礎組織として
近隣の5戸から10戸からなる隣保班―隣組が作られた。1940（昭和15）年に組
閣された近衛第二次内閣は、すべての政治結社を解散させて一国一党的政治組
織大政翼賛会を発足させた。部落会・町内会はこの大政翼賛会に統合され、国
民の一元的支配が確立した。

2）　青年学校は尋常小学校卒業を入学資格とする普通科2年、高等小学校卒業を入学資格とする
　本科5年、女子3年からなっていた。1939（昭和14）年の義務制実施は男子のみであり、これ
　に伴い修了生の徴兵在営年限短縮がなくなった。義務制実施に伴い大企業では企業立の私立青
　年学校を設け、企業内教育の機能をあわせ持たせて従業員の養成にあたったが、企業立のない
　中小企業従業員は公立青年学校に通った。
3）　国立教育研究所編『日本近代教育百年史8・社会教育2』財団法人教育研究振興会、1974年、
　131p。
4）　次の通牒・訓令がある。文部次官通牒「常会ノ指導施設ニ関スル件」、内務省地方局長「市
　町村ニ於ケル部落会又ハ町内会実践網ノ整備ニ関スル件」（以上1939年）、内務次官通牒「部落
　会町内会整備指導要綱」、内務省訓令「部落会町内会整備要綱」、文部次官通牒「常会ノ社会教
　育的活用ナラビニ指導ニ関スル件」（以上1940年）。

　部落会・町内会の中に常会の設置が奨励された。常会とは、部落会・町内会
で定期的に行われる会合で、①日本精神の昂揚実現、②時局認識の育成、③公
意伝達と民意暢達、④相互教化・相互扶助などを目的としていた。相互教化と
あるように教化的側面を強く持ち、文部省はこれを「社会教育指導の最末端機
関又は指導機関」と位置づけ、社会教育委員がその担当にあたることを指示し
た[5]。隣組のような小集団組織は、1940年に全国の工場・事業所に組織された
大日本産業報国会にも五人組として作られ、常会も同時に組織された。
　一方、社会教育行政が依拠してきた社会教育団体は統合が進められた。1941
（昭和16）年 1 月には、大日本青年団、大日本少年団連盟、帝国少年団協会、大
日本女子青年団を統合して大日本青少年団が結成され、翌年 2 月には、大日本
連合婦人会、愛国婦人会、大日本国防婦人会が統合されて大日本婦人会が発足
した。大日本青少年団の町村団長は、一律に小学校長または青年学校長にする
ことによって、長野県のように団長を青年の中から選んで形式的にしろ自主性
を保っていた青年会から一片の自主性を奪うものとなった。これらの団体は
1942（昭和17）年には大政翼賛会に統合された。
　これらの統合には、ナチス・ドイツが参考にされた。1938（昭和13）年に大
日本連合青年団、帝国少年団協会、大日本少年団連盟の代表とヒトラーユーゲ
ントとの相互訪問が行われた。この中で日本側はヒトラーユーゲントのような
一国一青少年組織を模範とし、青年団と少年団との統合の機運が盛り上がった。
日本の青年の中からは、ヒトラーユーゲントのように青年が運営する組織を要
求する声が出たが、統合された大日本青少年団は、官僚と軍部の指導下に置か
れた[6]。

2.　大東亜共栄圏のための社会教育

　ここでは、青年団の活動を中心に述べたい。なお、台湾の社会教育について
は、佐藤由美「解題第十集『社会教育関係資料』について」に整理されている。
　社会教育行政は台湾総督府文教局社会課が担当した[7]。日本の植民地であっ

　　5）　文部省「時局下に於ける社会教育委員の使命」1940年。
　　6）　大串隆吉『青年団と国際交流の歴史』有信堂高文社、1999年、180〜188p。

た台湾と朝鮮には、台湾では1932年に台北州連合青年団・女子青年団が組織された。日本人青年と現地青年は地域では別組織で、現地の青年は1929年に発足した青年講習所で、12歳から16歳までの間に訓練を修了した者しか入団できなかった[8]。朝鮮では1920年代から作られ、公民教育と皇民教育を行っていた[9]。1938（昭和13）年に6月に台湾連合青年団が、9月には朝鮮連合青年団が登場した。その団員数は朝鮮連合青年団約16万1,000人、台湾連合青年団約9万4,000人だった。1930（昭和5）年の国勢調査によれば、1930年時の15歳から24歳までの青年人口は朝鮮在住の朝鮮人約400万人、日本人約11万人、台湾在住の台湾人約90万人、日本人約5万人だった。この人口から類推すると、青年団は日本人を含んでいたから、朝鮮人青年、台湾人青年のほんの一握りしか組織できていなかったことになる。にもかかわらず、この時期に結成したのは、朝鮮も台湾も日中戦争遂行のために日本と中国を結ぶ「兵站基地」として軍事力・労働力動員の場として早急に皇国臣民であることを自覚させることが必要だったからである。また、中国・「満州」の青年を引きつけるには朝鮮と台湾の青年が日本に「融合」されていることを示す必要があったからだと考えられる[10]。

　すでに、朝鮮では1938（昭和13）年4月に陸軍特別志願兵令（同年2月に公布）に基づき総督府陸軍兵志願者訓練所が設置され（台湾では1941〈昭和16〉年から）、7月には国民精神総動員朝鮮連盟が作られ、職場、地域に日本の隣組にあたる「愛国班」が組織されていた。そして、「内鮮一体」（日本と朝鮮は一体ということ）の掛け声のもと、朝鮮人に日本人であることを誓わせる皇国臣民の誓詞の朗誦・暗記、皇国臣民体操の実行、日本語の習得、神社参拝、が行われた。

　1939（昭和14）年9月に朝鮮のソウルで第15回大日本青年団大会が開かれた。大日本連合青年団は、この年大日本青年団と改称していた。青年団大会が海外で─植民地で行われるのは初めてであった。それは、1938年に結成された

　7）　阿部洋編『日本植民地教育政策史料集成（台湾篇）第87巻（第10集社会教育関係資料）』龍渓書舎、2015年。
　8）　台湾の植民地時代の青年団については、宮崎聖子『植民地期台湾における青年団と地域の変容』御茶の水書房、2008年に詳しい。特に、「表Ⅶ─1青年団政策の変遷と新荘街における政策の実施状況」にわかりやすく整理されている。
　9）　大串、前掲『青年団と国際交流の歴史』150〜158p。
　10）　この点については、宮田節子『朝鮮民衆と「皇民化」政策』未来社、1985年、55p。

朝鮮連合青年団、台湾連合青年団が大日本青年団に加盟したからであった。大
会の参加団体は、このほかに満州国、中国占領地から青年代表が参加し、交換
会が開かれた。この交換会は、政府の「東亜新秩序」建設の方針に沿って「興
亜青年の大同団結」すなわち興亜青年連盟結成の出発点となるべきものであっ
た。有馬良橘大日本青年団長告示では、「当京城府に於いて大会を開催致しま
した意義が拡充せられ日満支三国青年の交換が見事に実を結んでやがて興亜青
年連盟の結成となり、又東洋永遠の平和の基礎も確立されるものと信ずるもの
であります。」と述べられていた[11]。注意すべきは、興亜青年連盟に朝鮮人青
年と台湾の現地青年は独立して含まれずに、日本に含まれていたことである。

　大日本連合青年団は、1938（昭和13）年には満蒙開拓青少年義勇軍の送り出
しを役割とする拓殖部の設置を町村青年会に進めた。そして、翌年には興亜青
年運動を起こした。これは、日本、満州国、中華民国（1938年に日本の援助によ
り作られた汪兆銘政権）の青年による東亜新秩序を作ろうとしたもので、興亜青
年勤労報国隊、満蒙開拓のための青年団拓殖運動からなり、朝鮮人青年にも適
用された。このように日本を指導者とした青年政策を具体化するために、満州
国と中国在住日本人青年の組織化が進められた。満州国では協和会[12]が担当し、
中国では占領地在住日本人の青年団を結成して中華民国（汪兆銘政権）の青年
団づくりを助け、興亜青年連盟を作ろうとした。

　満蒙開拓団、満蒙開拓青少年義勇軍の送り出しの目的は、中国への植民地支
配、対ソヴィエト軍事網の確立、日本の指導による満州国の建設にあった。そ
のための宣伝は、満州では広い土地持ちになれること、日本の農民人口を少な
くすることにより日本在住農民の土地が広くなるということ、アジアにおける
指導国民としての使命感をつけることにあり、青少年に影響を与えた[13]。大日
本青年団が行った生活記録報道運動の作品には満州にあこがれる青少年の姿が

11)　大日本連合青年団『第15回大会新聞』1939年9月17日。
12)　協和会は1932（昭和7）年に関東軍と満州国官僚によって組織された。1936（昭和11）年に
　満州帝国協和会と改称した。この組織は満州国の国民訓練のために作られ、1937（昭和12）年
　に設立された満州国の青年訓練所を担当し、1938（昭和13）年に満州国の青年団を協和青年団
　（16歳より19歳）に、少年団を協和少年団（10歳より15歳）に統合した。1939（昭和14）年に
　青年団は3万名、少年団は4万名だったといわれている（呂作新『協和会の全貌』満州国帝国
　協和会、1939年）。大森直樹「植民地支配と青年教育—『満州国』の『青年訓練所』を中心に」
　『日本社会教育学会紀要』No. 28、1992年参照。

表れている。例えば次のものがある。「その講習会〔青少年団の―引用者〕で私
は満州開拓に関する新しい知識をたくさん身につけた。同じ広さの土地を持ち、
百姓ばかりで村をつくり、みんな一緒に楽しく働く大陸の開拓生活『あそぶ者
は一人も居ない。みんな一緒に楽しく働く』日にむかってもう一度心の中で叫
んだ。この耕地面積のせまい地方でなぜ分村しないかと思う」[14]。

　この東亜新秩序のスローガンは、大東亜共栄圏建設に飛躍した。1943（昭和
18）年11月のヒトラーユーゲントによるヨーロッパ青年連盟結成に呼応して、
東京で第 1 回大東亜青少年指導会議が開かれた。参加者は、中国青少年団代表
林伯生、満州国協和会青少年団代表解良赳夫、大日本青少年団代表朝比奈策太
郎であり、特別傍聴者としてビルマ国青年連盟、南洋群島連合青年団、朝鮮青
少年団、台湾青少年団から代表が参加した。そして、日本、満州国、中国の青
年が中心となった、アジアの各国青少年団と連合していくことが確認された。
この会議で採択された「大東亜青少年総決起運動」は次のように言った。「大
東亜共栄圏建設ノ共同目標ノ下ニ日、満、華三国青少年団ガ中核トナリ広ク大
東亜各国青少年団ト連絡提携シテ、大東亜ノ青少年ヲ米英撃滅ニ決起セシメ、
果敢ナル実践ヲ通ジテ必勝ノ信念ヲ堅持セシムルト共ニ、相互ノ友情ト理解ヲ
深メ、愈々結盟ヲ鞏固ナラシメントス」[15]。

　アジアの青少年団の連合構想は、植民地支配の不当性を確認したポツダム宣
言を受け入れたことによって否定されたのである。

3.　社会教育政策の文化政策への統合

日常生活の組織化と文化への着目

1941（昭和16）年の教育審議会答申「社会教育ニ関スル件」は、国民の日常

13）　芳井研一「日本ファシズムと官製青年団運動の展開―石川県の事例を通して」（『季刊現代史』
　　　1978年 9 月）は、青年学校教師が村の窮乏の打開や戦時体制への協力のために非常にモラリッ
　　　シュに開拓団の送り出しにあたったことを分析した。上笙一郎『満蒙開拓青少年義勇軍』中公
　　　新書、1973年は、青年学校と小学校の教師によって青少年義勇軍参加の説得が行われたこと、
　　　青少年義勇軍には貧農出身の青年が多く、17歳くらいになると人並みの農民になるために義勇
　　　軍を選ぶことを指摘している。
14）　「私の村」『日本青少年団新聞』1941年11月 1 日号。
15）　『第 1 回大東亜青少年指導会議協議事項（日文）』1943年、3 p。

生活を統制する課題に応えて、学校教育と区別された社会教育の特徴を「国民大衆ヲ対象トシ、其ノ日常生活ノ間ニ於テ行ハル」ものとし、「実際生活ニ即シ」ていなければならないと規定した。しかし、社会教育内容の課題は、「国体ノ本義ニ基」づき、「東亜及世界ニ関スル認識」「国防ニ関スル認識」を深め、「趣味ノ向上」「科学精神ノ尊重」「国民体位ノ向上」「家族制度ノ美風ヲ振起」することがあげられていたから、これらの課題を日常生活において実現することが課題となった。また、その方法として社会教育関係団体の統合・活用と常会の社会教育的機能を発揮させることをあげていた。

　そして、実際生活に即して社会教育が行われることをうたったことにより、新たな政策理念として文化政策が登場した。すなわち、この答申には「文化施設ニ関スル要綱」（施設は建物のことではなく、政策・活動を指す）が特に掲げられていた。この要綱の審議の時に、文化を音楽・演劇・文化等の芸術文化に限定するのか、生活文化まで含んだ文化全体を取り上げるのかが議論となった。説明に立った文部大臣橋田邦彦は、生活文化まで含んだ文化全体は国政全体に関わることだからと、教育（行政）に限定にして「教育ト云フモノガ文化ト云フモノニ依ツテ攪乱サレナイヨウナ方向ニ、文化ト云フモノヲ向ケルニハ如何ニ指導シタラ宜シイカ」[16]をテーマにすることを提案した。この提案は、芸術文化が天皇制ファッシズム体制の教育に好影響を及ぼすようにする方策を検討することを意味した。すでに、1939（昭和14）年に公布された映画法で「国民文化ノ進展ニ資スル為」映画の検閲と活用の方策が確立されていて、その管轄を内務省・厚生省とともに文部省の社会教育局映画課が担っていた。したがって、橋田邦彦文部大臣の提案は、これを映画以外の分野まで及ぼすことを意味した。答申は、演劇法の制定、図書館・博物館の統制・指導・活用の充実をうたった。

　審議会は、橋田文部大臣の思惑を超えて進んだ。すなわち、統制・指導するときの文化の内容を検討し、社会教育の使命を完全にするには、国民服の制定のような生活文化を含んだ「文化自体ガ良クナッテ行カナケレバナラヌ」ことを理由に、宗教および生活文化を含めて答申が作成された[17]。したがって、社会教育政策はあらゆる文化領域を対象とすることになり、日本文化を国民が内

16）『教育審議会諮問第一号特別委員会会議録第一八輯』1941年、198p。
17）「第二七回整理委員会会議録」における内山幹事の発言、同上、206p。

面化して生活することを目的とするようになった。社会教育政策は文化政策の一環となった。

ところでこの日本文化論は、神話的国体論が中核となっていた。天皇制政府は、神社神道を宗教の宗派からはずすことによって国教化し天皇を神格化していた。そして、靖国神社・出雲大社を頂点として村の神社までを序列化して活用した。村々の神社の行事は天皇制イデオロギー普及するものとされた。農村更生運動で「敬神崇祖ノ精神発動」のため「神社ヲ郷土生活ノ中心トスル」ことが要請されていたが、これは国民統合の方策にほかならなかった。天皇制ファッシズム期には、国体の思想が「むすびの思想」「禊〔みそぎ―引用者〕の思想」「天孫降臨」「祭政一致の思想」としてまとめられ、神である天皇への「滅私奉皇の顕現」〔奉公ではなく奉皇に注意―引用者〕が日本文化の特徴として強調され、神社はシンボル的役割を持たせられた[18]。

文化政策は日本文化を指導文化として、大東亜共栄圏の文化指導の役割をも負っていた。そのためには、朝鮮、台湾だけでなく新しい占領地に日本語の普及が必要であった。そのために文部省は1939（昭和14）年3月に国語対策協議会を設置し、教科書の編纂、教育研究法の開発に乗り出した。しかし、それは言語理論の違いや日本語は日本精神であるという見解を前にして困難を抱えた[19]。太平洋戦争中に拡大した占領地における文化政策の第一の課題も、日本語を「通用語」とすることにあった。そのため1942（昭和17）年8月に日本語普及協議会が文部省内に設けられた。また大東亜省が設けられ朝鮮、満州国以外のアジア地域の経済・政治・文化政策を担当した。日本語の普及は、日本文化・精神の拡大と占領地民衆の日本文化への従属を意味した。教える側は日本精神の純潔性を強調することになった。大東亜建設審議会では、占領地日本人の「血の純血」とそのための「錬成」と現地民衆の「錬成」が提言された[20]。

植民地・占領地では図書館が作られた。満州国の図書館は、満鉄の付属地に作られた図書館が満州国建国とともに、基本的に満鉄調査部のもとで調査・研究図書館となった。占領地では北京に1936（昭和11）年12月に北京近代科学図

18)　福島県教学課『中堅青年錬成必携　三訂版』1942年参照。
19)　駒込武『植民地帝国日本の文化統合』岩波書店、1996年、317〜353pに詳しい。
20)　『国立教育研究所紀要第121集・戦前日本のアジアへの教育関与』国立教育研究所、1992年参照。前掲『植民地帝国日本の文化統合』も参照。

書館が占領軍、日本外務省によって作られている。これらの図書館は、日本軍が後ろ盾になって成り立っていたから、満鉄の図書館は調査部員の検挙でその役目を終え、北京近代科学図書館は日本軍の敗北とともに中国政府に接収された[21]。

　文化政策が国内文化政策と対外文化政策との両面を持っていることを、社会教育の場でよく示したのは、大日本青少年団の生活記録運動である。これは、1941（昭和16）年末から生活記録報道運動と名づけられて始められ、「高度国防国家体制の建設」に資する「より良き生活」を書くことにより自覚する方法として行われた。「より良き生活」は「文化生活の仕方のなかにある」ことから、生活記録を書き生活を作ることを「文化建設」ととらえ、「新しい文化は諸君の生活の設計と建設とのなかから生まれねばならない」と呼びかけた。「新しい文化」とは「日本文化」にほかならず、生活記録報道運動は文化政策の具体化であった。そして、生活記録に「いよいよ大東亜の指導者となろうとする青年日本を、しっかりと、自分たちの手で築きあげようとする根強い頼もしい力が、きっとこもっていると信ずる」[22]と期待するとき、生活記録報道運動は大東亜建設の指導者たる日本人の養成とも位置づけられたのである。

　このような文化政策において、映画・演劇・文学などの芸術文化は、感情に訴えられる特質を生かし、「日本文化」を国民に体現させ、政治方針を国民に浸透させる宣伝機能を担わされた。すなわち、「映画〔これは、芸術文化全体にもいえる─引用者〕の面白味を充分利用してしらずしらずの間に、一般大衆の心に何らかの指導性をもたらすものでなければならない。吾々は映画の持つ大衆性を生かしつつそこの芸術性と指導性（即ち思想的感化力であるが）を蔵するもの」[23]とされたのである。

　この特徴を生かし子ども向けのアニメーション映画も上映された。京都にあった同人的映画社童映社が1930年に発表した『煙突屋ペロー』は数奇な運命にあった。1985（昭和60）年ころに発見されたこの映画は、助けた鳩から兵隊の出る卵をもらったペローが兵隊を出して国を勝利に導き表彰されるというと

21）　小黒浩司『図書館をめぐる日中の近代─友好と対立のはざまで』青弓社、2016年に詳しい。
22）　大日本青少年団教養部「青少年団生活記録報道運動の提唱」『青年』1941年12月号。
23）　不破祐俊「戦時下の映画並びに音楽政策について」『社会教育』1939年8月号。

ころで終わる戦意高揚映画として上映されていた。ところが実はペロー が故郷に帰る途中で戦場を見て「戦争なんか消えてなくなれ」と言って戦争のむなしさを訴えって終わる最後の4分の1が制作者以外の何者かによってカットされて上映されていたのである[24]。

　そのほかに例えば、桃太郎のおとぎ話をもじったアニメーション映画『空の神兵』がある。これは1942年1月に日本軍落下傘部隊がオランダ軍などが占領していたスマトラのパレンバンの油田地帯を制圧したことを題材にしている。落下傘部隊を「空の神兵」と呼んで桃太郎とし、スマトラを鬼ヶ島として、桃太郎である日本軍が鬼であるオランダ軍などを打ち負かすというおとぎ話にし、アニメにした。また、学徒出陣を「日本ニュース」第177号で見た一少年は、「このニュース映画の映像は、私自身が海軍飛行予科練習生（予科練）を志願し、敗戦を水上特攻要員として迎える―その運命の引き金となったのである。」と記した[25]。

行政の一元化しての文化政策

　ところで、今まで見たように文化政策は、生活文化を含む文化概念の広さを持ち、文化統制および政治宣伝の機能を持ち、対外政策を含んでいた。この分野を具体化してきた行政は、文部省だけでなく内務省、厚生省、拓務省、陸軍省、海軍省など多岐にわたっていた。文部省では社会教育局映画課、成人教育課、宗教局、教学局にわたっていた。文化政策の確立に伴いこれらを統合する動きが生まれた。

　教育審議会では、文部省内に文化局を設ける意見が出されていた。それが取り上げられ、まず1942（昭和17）年3月に社会教育局に成人教育課の図書館・博物館担当などと映画課を統合した文化施設課が生まれた。同年11月に宗教および文化一般を一元的に担当するために専門学務局の現代芸術の部門と社会教

24)　シネマワーク『影絵アニメーション煙突屋ペロー』かもがわ出版、1987年。
25)　廣澤榮『私の昭和映画史』岩波書店、1989年、125p。著名な映画評論家山田和夫(1928～2012)に、この「日本ニュース」177号が積極的な戦争参加を決意させた。同「ファッシズムと映画人」『文化評論』1984年2月号。また、この時期紙芝居が、大人も対象として作られ、その数1,000タイトル以上といわれている。大串潤児「軍隊と紙芝居」吉田裕編『戦争と軍隊の政治社会史』大月書店、2021年。

育局と宗教局を合併した教化局が生まれ、さらに翌43年2月には教学局、図書局、教化局を統合した教学局が作られた。

　国の各省の文化政策の連絡・統一を担当したのが、1940（昭和15）年に内閣に設置された情報局だった。内閣情報局は、放送、出版、新聞、映画等マスメディアを統制・活用して世論に働きかけ、国内外の文化政策を担当した。特に第5部第2課は、文部省的な仕事と宣伝省的な仕事を担い、第3課、第4課とともにあらゆる文化領域の活動の統制・活用にあたった。社会教育政策は、情報局に従属していったと考えられる。

　このような経過から、文化政策は社会教育政策を統合し、各行政部局が個別に担当していた文化領域を統一・一元化する役割を持っていたといえよう。文化政策は、国民を強力に統制、動員する行政を整える天皇制ファッシズム体制にふさわしい政策概念であった。ところで、文化政策論にはある種の革新性があった。それは、都市と農村の文化的格差を是正する試みであった。

　この文化的格差を是正する運動を担ったのが大政翼賛会文化部であった。大政翼賛会文化部は、文化が都市に偏していたことを是正するために、道府県および郡市町村を単位とする文化団体の育成を図った。また、移動演劇や移動映写会も行われた。この文化の不均衡の是正は、わが国の資本主義化の中で生まれた都市と農村の不均衡に不満を持っていた農村の人々をとらえ、中央に「攻めのぼる地方文学」[26]の可能性を見た。

　しかし、農村文化—地方文化を充実させる目的は、次の点もあった。一つは、農村における食糧増産体制確立のために、若者を引きとどめるためと農業従事者の意欲喚起のためであった。そのためには、娯楽を中心とした文化を充実させなければならない。他の一つは、農村文化に日本文化の源を見て、その普及の基盤とすることだった。すなわち、日本の伝統的文化は、個人主義のヨーロッパ文化の影響を強く受けた都市にはなく、農村に存在しているから、「日本文化」を作るには農村文化を充実させなければならないということであった[27]。この二つの意図から、大恐慌時に中断されていた神社の祭礼の復活と素人演劇が奨励された。特に神社の祭礼と結びついた芸能の復活は、神話的国体論に基

---

26)　『信濃毎日新聞』1941年1月24、25日「学芸欄」。
27)　酒井三郎「地方文化運動の動向」『教育』1941年8月号。

づいた「日本文化」の表れとして重視された。したがって、農村文化・地方文化の振興は、文化の不均衡の是正という革新的要素を持ちながら「日本文化」の普及という文化政策の目的に従属していた。

　文化政策の「革新的」要素は、文化政策が戦争遂行のためだったゆえに生命を保つことはできなかった。例えば図書館は、地方文化振興が叫ばれても増えたわけでなかったし、警察による図書の没収、軍隊による図書館の接収、爆撃・戦闘による破壊・焼失により、図書館の機能は低下していった[28]。

4.　抵抗の社会教育

生活に根ざしたヒューマニズムを

　1932（昭和 7 ）年 8 月27日から29日にかけて国際反戦会議が、オランダのアムステルダムで開催された。これは、著名な文学者アンリ・バルビュス（1873～1935）、ロマン・ロラン（1866～1944）の呼びかけに応え開催されたもので、ノーベル物理学賞受賞者アルバート・アインシュタイン、イギリスの哲学者バートランド・ラッセル、亡命中の文学者ハインリッヒ・マン、クララ・ツェトキンら29カ国から2,196人が参加した。この会議の直前に満州国建国宣言が出され、同年 7 月31日にはドイツ総選挙でナチスが第一党になったことが会議開催の一因であった。

　ドイツでは1933（昭和 8 ）年にナチスが政権を握り、日本は同年国際連盟を脱退し、ドイツは1935（昭和10）年には再軍備を宣言した。わが国もファッショ化への道を歩み始め、1936（昭和11）年には日独防共協定が調印され、日独の連携は強まった。その年東京開催が決まった第12回オリンピックは1938（昭和13）年に返上された。翌、1939年にドイツのポーランド侵略が契機となって第二次世界大戦が勃発し、1940（昭和15）年に日独伊三国同盟が調印され、翌年に日本は対米英宣戦布告をするに至る。

　日本でも、雑誌の発行や新聞などによってファッシズムに抵抗しようとした学習・教育運動が行われた。その代表的なものは、『労働雑誌』（1935年 3 月～

28）　松本剛『略奪した文化―戦争と図書』岩波書店、1993年、153～160p、『沖縄の図書館』編集
　　委員会編『沖縄の図書館―戦後55年の軌跡』教育資料出版会、2000年、32、33p。

1936年12月）、『土曜日』（1936年7月〜37年10月）、『信濃毎日新聞』の「農村雑記」である。これらは、ファッショ化する社会教育政策や政府に対する抵抗を表立って示したわけではないが、国民の生活に焦点を絞り、生活の問題を発見、意識することによって、状況への批判意識を培うことを意図した。そこから、日本人の封建的意識や体制順応的意識を変えることによって、ファッシズムの抵抗の基盤を作ろうとしたといえる。

　『労働雑誌』は、社会民主主義者、共産主義者、宗教家によって、ファッシズムに反対するために、1935（昭和10）年に創刊された。そのために、「大衆の知識と娯楽」をスローガンに①大衆組織の啓蒙、②労働者農民の具体的事実の報道および政治経済問題の解決、③国際労働者運動の速報を編集方針とした[29]。労働者農民の具体的事実の報道として、「工場・農村生活の生きた記録」―「ありのままの姿」の記録―を募集し、「工場通信」「工場は？」「農村は？」として掲載した。そして、職業上の問題や退職金問題など生活に生じている問題の性格を明らかにする記事を載せた。すなわち、生活の事実を明らかにし、そこに生じている問題を明らかにしようとする学習雑誌だった。国際労働運動の速報は、主に反ファッシズム人民戦線運動を紹介し、わが国においてもその可能性を追求しようとした。

　『土曜日』は、京都で中井正一、久野収、新村猛、能勢克男などの知識人と松竹の撮影所で文化活動をしていた斎藤雷太郎によって1936（昭和11）年7月に発刊された。当時京都では、京都大学の滝川事件で学問の自由を守る運動に参加していた先の中井、久野、新村などによる『世界文化』、京都帝大の学生による『学生評論』が、ファッシズムに抵抗するために生まれていた。これらの雑誌が、知識人・学生を対象としていたのに対し、『土曜日』は知識人と一般の庶民によって作られた点に特色があった[30]。

　この『土曜日』の特色をよく示す記事は、1937（昭和12）年5月5日号の巻頭言「学校は生きて、社会の中にある」である。この巻頭言は、ファッシズム化が知識や教養をゆがめていることに対し真の教養を問うものであった。「け

29）　『労働雑誌』創刊号と1935年4月号、5月号の編集後記参照。

30）　平林一「『美・評論』『世界文化』と『土曜日』―知識人と庶民の抵抗」同志社大学人文科学研究所『戦時下抵抗の研究Ⅱ―キリスト者・自由主義者の場合』新装版、みすず書房、1978年、268〜269p。

れども本統の教養の目的であるインテリジェンス（本統の知識）が、何處にも
無くなってしまったのではない。それは何處にあるのか。世間の中に、危ふく
も世を支えている人々の日々の生活の中に、新しいインテリジェンスの泉が求
められ始めた。〔中略〕いずれにしても、苦しい物価騰貴の中から、学校では
習わなかった、職業や身分を越えての連帯を人々は、今学びとっている。くだ
らない人為的な隔てをとり去って見ず知らずの人々に対して、人がかすかなが
ら友情を感ずる様な、そう云う高貴なモラルは、世間という学校でなければ教
へてくれないのである。われわれは生活の中に起こって来る事柄に限りない興
味と愛着をもつ」と。

　この姿勢から出てきたのは、読者からの生活者としての投稿と記録の重視で
あった。『労働雑誌』にも見られた生活の記録が登場した。これによって、1936
年10月20日号の巻頭言にあるように「数千の人々が数千の人々と話し合うこと
の出来る新たな話声を発見」しようとしたのである。すなわち、『土曜日』を
人と人とを結びつける拠点にしようとしたのであり、それは職業と身分を越え
ての連帯を人々が学びとることを目的としたものにほかならなかった。その連
帯の質は、「自由な野の草の様に、生まな人間の香りと健康を自ら親しく味ふ
ことである」というヒューマニズムの精神にあった。そして、生活に生じる現
実の問題を、「現実のあらゆる矛盾」として「おほらかな、爽やかな、人間の
誇りを、人間が今新しく建設すべき、たはめられたるバネであり、撥条」だと
とらえた（1937年4月5日号巻頭言）。『土曜日』は、生活の問題、現実の問題を
通じてヒューマニズムの精神を育て、人と人との結びつきを作ろうとした。

生活記録運動の誕生と変質

　『労働雑誌』も『土曜日』も長く続くことはできなかった。前者は1936（昭
和11）年に、後者は1937（昭和12）年に廃刊を余儀なくされた。この二つの雑
誌は、生活の中からファッシズムへの抵抗精神を育てようとした。この特徴を
持ち、社会教育の性格を持っていたのが『信濃毎日新聞』（『信毎』と略す）の「農
村雑記」である。

　「農村雑記」は、『信毎』の「学芸欄」で1930（昭和5）年から「炬燵雑記」
として始まり、1941（昭和16）年まで続けられた。1930年は前年に日本プロレ

タリア作家同盟が結成されてプロレタリア文学運動が興隆期を迎えた時期であり、と同時に大恐慌の影響が深刻になり小作争議、労働争議が増加した年である。特に長野県は主要産業であった養蚕業、製糸産業が大打撃を受けた。「農村雑記」はこの時代的特徴を受けて始まった。

「農村雑記」のねらいは、プロレタリア文学運動の報告文学・労農通信の影響を受けて、4点にまとめられる。①農民自身の生活の問題を農民自身がありのまま書く、②それによって大恐慌下の農民の実態を広く知らせ、社会に訴える、③書かれた記録から、生活の問題に表れた矛盾と社会的本質をつかむこと、④記録を通じて農民の交流と相互理解と共感を生み出すことであった。投稿は、毎月10編、20編、30編と読者から送られてきて、大恐慌の農村生活を描いたものが主であった。投稿者は、中農・貧農の青年が多かった。

こうして始まった「農村雑記」は、この時代に社会教育にどのような意味を持ったのだろうか。『信毎』は他新聞と同様に中国に侵攻した郷土部隊の戦闘を大々的に載せ、満州国建国を歓迎した評論を載せていた。しかし、他面で主筆桐生悠々の筆禍事件に見られるように非合理的政策に対する批判精神を持っていた。この事件は、桐生が1938（昭和13）年8月11日付の評論「関東防空大演習を嗤う」で防空大演習をするよりも敵機を撃退することが第一だと書いたことに、軍部・在郷軍人会が総攻撃を行い、桐生が新聞社を辞めた事件である。

この批判精神は、桐生退社後も受け継がれ、評論に抑えた筆で現れた。1937（昭和12）年初頭学芸欄は、戸坂潤のファッシズム批判と反ファッショ人民戦線の必要性を訴えた評論を載せ、ファッシズム批判の姿勢を示した。しかし、『労働雑誌』『土曜日』が廃刊に追い込まれ、1936（昭和11）年には平野義太郎、山田盛太郎など講座派の学者が検挙された。さらに、翌年には『世界文化』グループが検挙され、東大の矢内原忠雄教授が南京事件を批判したことなどで辞任に追い込まれる等、言論統制が強まった。

こうした中で「農村雑記」は、「今は我々の現実に対する意思表現が非常に困難な時代であって、馬鹿正直に話して居るようなら叱られる。だからと云って、皆が見ざる、聞かざる、言はざるの三猿主義で済ましてよいと云うことにならぬ」[31]と言論統制に抵抗して農村の現実を描くことを読者に要請した。そ

31）　津々喜代志「農村雑記評（下）」『信濃毎日新聞』1939年11月17日。

して、それを通じて生活と社会の見方を育てることを意図した。すなわち「農村雑記」は、「実生活の認識を教え、物のあり方を生き方を教へる。更に又我々をして今日の生きた現実の中に矛盾するものを見出し、それを究明し高めて行く所に農村雑記の魅力と生命がある」[32]のであった。したがって、これを身辺の記録にとどまらせることなく、生活の問題を社会との関連の中でとらえる認識の学習と生き方—生活指導の学習の場としようとしたのである。それによって、ファッシズムへの抵抗を生活から築く自己教育運動—社会教育としての性格を見出せる。

　1940（昭和15）年に第二次近衛内閣が発足し、新聞界はこの内閣が進める新体制—天皇制ファッシズム体制に全面的に協力していった。「農村雑記」も書くことによって国に尽くすこと「文筆報国」の運動であることを宣言した。しかし、新体制のスローガンである「上意下達、下情上通」を逆手にとって、農村の現実を描くことの正当性を主張し、知識と批判力を持った人間形成の舞台であることを維持しようとした。このぎりぎりの抵抗も太平洋戦争勃発の翌日12月9日に起こった担当者と投稿者の検挙によって終わらされた。検挙理由は、「共産主義思想の啓蒙宣伝に努め」たことにあった[33]。すでに述べたように、「農村雑記」は左翼文化運動の影響を受けて始められたとはいえ、「共産主義の啓蒙宣伝に努め」たわけなかったから、この事件はフレームアップであった。『信毎』の編集会議には特別高等警察が同席するようになった。

　『労働雑誌』『土曜日』「農村雑記」は、社会教育政策と対抗関係を持った。すでに見たように社会教育政策は、国民の日常生活を「日本精神」体現の場としようとしていたのに対し、これらは生活問題の発見・生活意識の形成から抵抗精神を築こうとしたからである。それでは、この抵抗精神はいかなるものを培ったのだろうか。「農村雑記」から見てみよう。

　第一は、封建的習慣と反封建意識だった。「農村雑記」には嫁と姑、次三男問題、家格によって嫁を選ぶこと等の封建的家族制度、村政の封建的慣習と並んで、人手不足から男がしていた社会活動に生き生きと進出する女性や、親の薦める結婚を断る女性が描かれた。これらを題材にすることは、家や親戚の恥

32）　同「農村雑記評（上）」『信濃毎日新聞』前掲1939年10月19日。
33）　内務省警保局編『社会運動の状況　14』（昭和17年復刻版）三一書房、1972年、21p。

をさらすものとして抑圧される場合があった。その抑圧に抵抗しようとする青年が現れていた。

　第二には、経済統制や言論統制が生活にもたらす諸問題が描かれた。例えば、人手不足や農機具不足による労働強化や、商店の廃業、祭りの廃止などである。これらは一面で事実の持つ重みによって政策の批判意識が培われようとしていた。しかし他面では、困難を乗り越えて報国の意志を固める呼びかけにもなった。これらの点は、村落に自助努力意識が強くあったことを示すと同時に、政策批判の難しさも示した。政策そのものを批判することは難しかったから、「農村雑記」が行おうとした認識の指導は、「社会的連関とのつながり」「高度な認識」「因果関係」などの必要性を示しても、具体的に示すことは難しかったから、抽象的にならざるをえなかった。事実による批判意識は政策に対する抵抗力を失いつつあった[34]。

　「農村雑記」は選択されて『農村青年報告』(1940、41年に竹村書房から3冊発行された)としてまとめられ、地方文化―農村文化の出現として全国から注目された。この影響を受けて、大日本青少年団が生活記録報道運動を1941 (昭和16)年11月から開始した。しかし、太平洋戦争が開始された翌日12月9日に「農村雑記」の担当者と投稿者が「共産主義思想の啓蒙宣伝」を理由に逮捕された。「農村雑記」は「生活建設記」と改められ、1942 (昭和17) 年5月の県下各新聞の『信毎』統合まで続けられた。これは、大日本青少年団の生活記録報道運動とともに、戦時体制への自発的参加を呼び起こす方法になった。

---

34)　現実の生活の矛盾にいきどおりながら、「報国」の前に自分を納得させようとする「農村雑記」を見ることができる。例えば、原玉子「節米料理」は消費節約のために県が奨励した紀元2600年料理を作りながら、「それよりか、五分でも十分でも良い楽々と体を伸ばして新聞でも読めたらと、眼に沁みて薪の煙にかこつけて、腹の底から突き上げてくる泪をこする事がどの位ある事だろう。斯うしてお役人の折角のお志も〔中略〕それにさへ手の届かぬ百姓女で有る事を何とせう。けれど彼女等はみな涙ぐましい程の愛国者なのである。」と結んでいる。また、毛利久夫「時報廃刊」は、県下の少なくない青年団が発行していた時報が用紙統制のため廃刊にされたことを批判しながらも「もちろん国策だからといわれれば二言はない」と言っていた。いずれも信濃毎日新聞社『農村青年報告』竹村書房、1941年に収録された。

5. 自己教育運動の中断と遺産

　自己教育運動は、社会教育政策を変えることができなかったため、中断させられた。しかし、自由民権運動以来の自己教育運動は、戦後に引き継がれるべき遺産を残した。それを整理してみよう。

　まず社会教育の必要性についてである。社会教育の必要性は、学校制度が未整備の時期にすでに福沢諭吉や植木枝盛らによって自覚されていた。それは、人間形成が実社会において最終的に行われるという認識に基づいていた。この認識は、学校教育が確立された時期でも片山潜や安部磯雄、さらに20世紀に入って大山郁夫、土田杏村、青年団自主化運動、自由大学運動など、さらにファシズム期の抵抗運動に受け継がれた。これらでは、社会教育は人間の自己形成—自己教育の問題として学校教育には代えられない実社会における教育の必要から自覚されたのである。

　この自覚に基づいて、実生活と結びついた教育の方法が自覚された。それは、演説、討論、話し合い、サークル、読書会、生活記録の中で行われ、現在の社会教育の機会と方法の原形を作った。こうした教育の機会と方法は、はじめから意識的に教育の領域として行われたわけではなく、しばしば社会運動の中で、その主体の形成のために行われた。それは、天皇制は民衆が政治の主体、教育の主体になる道を閉ざしてきたから、彼らが創造的な権利主体になるためには、天皇制政府の政策を批判したり、抵抗することによってしか行うことができなかったことに起因している[35]。自己教育の面から見れば、そのような運動の中で運動の戦術に解消されない、すなわち知的関心を育て、自己認識と社会との関わりを批判的に考えるための教育の機会と方法の必要が自覚されたといえる。

　自己教育運動が作った教育の機会には次のものがあった。青年団自主化運動のような社会教育政策の下にあった団体の変革、少年団のような新たな社会教育団体作り、自由大学、労働学校、農民学校などの学校形態を持った系統的な

---

35)　坂元忠芳『教育の人民的発想—近代日本教育思想史研究の一視角』青木書店、1982年、11p を参考にした。そこで、天皇制と教育勅語体制の中では、人々は政治の主人公になることを妨げられてきたから「自己形成の創造への道を追求しようとすれば、そのような体制に反対する運動においてしか」それを現実にできなかったと指摘している。

学習機会が作られ、セツルメント、青年団自主化運動だけでなく自由大学、労働学校なども地域を拠点として作られた地域教育運動の側面を持った。

　自己教育運動は天皇制ファッシズムにより中断させられた。自己教育運動が消滅したとき、民衆にとって社会教育はファッシズム国家の政治・経済・文化の機能・道具としてのみ現れた。宮原誠一は、『日本評論』1940年8月号掲載の論文「形成と教育」で、①教育は社会生活の過程が助けもし妨げもする人間の自然成長的な形成を望ましい方向へ統御しようとする社会的過程だから、その役割は、②「国の政治なり経済なり文化なりの理念や必要に能うかぎり一致するように国民を形成する」ことだと主張していた。ここには論理的飛躍があった。すなわち、教育は人間の自然成長的な形成を望ましい方向へ統御しようとする社会的過程だからといって、国の政治などの理念・必要にできる限り一致するよう国民を形成することには必ずしもならないからである。この論理的飛躍には、ファッショ化した政府と体制が国民に要求した政府の政策に絶対に貢献するという要請に応えたことがあったといえる。宮原は戦後の1949年に発表した「教育の本質」では先述の①の観点のみを教育の本質とし、②の論を落とした。その間には、日本の敗戦、戦後民主主義の開始という時代の大きな変化があった。

第2部　敗戦から20世紀末まで

第1章　新教育制度の誕生と社会教育法の制定

香川県小豆島の公民館（旧・小豆郡内海町苗羽公民館）
『教育委員会月報』（香川県教育委員会、1953年5月）より

1945年	敗戦（ポツダム宣言受諾）文部省「新日本建設ノ教育方針」
	文部省社会教育局復活
	GHQ「日本教育制度ニ対スル管理政策」、「教育に関する四大総司令部指令」
1946年	第1次アメリカ教育使節団報告書　日本国憲法公布
	文部次官通牒「公民館の設置運営について」
1947年	教育基本法・学校教育法制定　青年学校廃止　日本国憲法施行
1948年	教育刷新委員会建議「労働者に対する社会教育について」
	IFEL（教育指導者講習）開始　「ナトコ映画」上映開始
1949年	社会教育法制定
1950年	第2次アメリカ教育使節団報告書
1950〜53年	朝鮮戦争
1951年	日本青年団協議会結成　サンフランシスコ講和条約・日米安保条約締結
	社会教育法一部改正
1952年	講和発効・主権回復

1.　占領下の政策と自己教育運動の復活・再生

日本の敗戦

　本章では、占領期の日本を中心に扱う。日本政府は、ポツダム宣言を1945(昭和20)年8月14日に受諾し降伏した。国民は翌15日の天皇によるラジオ放送(「玉音放送」)によって敗戦を知る。全軍隊の無条件降伏、連合国軍による占領、天皇と日本政府は連合国軍最高司令官総司令部 (GHQ/SCAP: General Headquarters, Supreme Commander for Allied Powers) に従属、という日本の占領が開始された。連合国軍最高司令官はアメリカ合衆国の陸軍元帥マッカーサーだった。米軍の直接統治下に置かれたのは奄美大島以南で、九州以北は間接統治方式をとることになった。占領行政を担当したのは GHQ の幕僚部で、その中に民間情報教育局 (CI&E: Civil Information and Education Section) が設置され教育改革を担当した。

　外国軍の占領下に入ることは、日本の歴史上初めてのことである。1952 (昭和27) 年4月までの7年近い期間、日本は主権を持たない状態が続くことになる。日本政府や報道機関は、敗戦・占領という事実をそのまま用いることを避け、敗戦を「終戦」、占領軍を「進駐軍」と呼んだ。

　日本の敗戦は、アジアの植民地・被占領地域の人々にとっては支配からの解放を意味した。日本人は虚脱感、不安感、解放感など多様な感情を抱いたが、都市は空襲で焦土と化し、農村は荒廃・疲弊し、インフレと食糧難の中で命をつなぐことに精一杯であった。1945年8月17日に組閣成立した内閣の東久邇稔彦首相は「一億総懺悔」をとなえ、責任の所在を国民一般に解消して、戦争責任追及や天皇制に対する論点をそらし、国民の動揺や抵抗を抑えるため「国体護持」すなわち旧天皇制の護持が叫ばれた。

　敗戦の1カ月後、9月15日に文部省は「新日本建設ノ教育方針」を発表した。「従来ノ戦争遂行ノ要請ニ基ク教育施策ヲ一掃シテ文化国家、道義国家ノ根基ニ培フ文教施策」への転換が示され、「学校ニ於ケル軍事教育ハ之ヲ全廃」と明示したが、依然として「国体ノ護持」「国民道義ノ昂揚」の教育を求めた。ポツダム宣言受諾に際しての日本からの天皇制存続の申し入れに対して、アメ

リカは「日本の究極の統治形態は、ポツダム宣言にもとづき、日本国民が自由に表明した意志に従い確定される」[1]としていたことから、天皇制維持のため「国体護持」教育は喫緊の課題であった。

　その課題に即応したのが社会教育行政であった。政府は、「青少年団体設置要綱」を定め、「青少年団体ノ設置並ニ育成ニ関スル件」（9月25日）で男女別の青年団復活を求め、「国体護持ノ精神ノ昂揚」「国民道義ノ昂揚」を重視した。「一般壮年層」「婦人」に対しても同様であり、戦前からの団体の温存復活を図り部落常会・町内会も活用しつつ、文部省の指導のもと、教員や町村長、宗教家を指導者として「上から」の教化をねらった。中央では大日本教化報国会の財産を継ぎ1946（昭和21）年2月に社会教育連合会が再建され、地方では社会教育協会が復活した。このように、戦前来の意識と施策は敗戦と同時に断絶したわけではなく、敗戦後も継承されていたのである。

　以上のような状態のもと、満州事変以来15年近くにわたる戦争への反省や、開戦・敗戦の原因や責任の所在に思考をめぐらせて、学習活動を組織していく動きはほとんどなかった。

　ところで、解放感のもとで1946年から農村で流行したのが青年による「やくざ踊り」であった。青年会・青年団などが主催する芸能大会や演芸会が開かれると、股旅ものなどで踊ったり国定忠次などを演じたりした。藤田秀雄は、「その内容は低俗というほかない」が、「『やくざ踊り』ぐらい、長い農村の歴史のなかで、青年たちが、だれからも指図されることなしに、みずから計画し、自分たちを表出させたことはなかったのではないだろうか」と指摘し、そこに「あらたな農村文化を生み出す」芽をとらえる指導者等がいなかったことが問題だったと述べている[2]。

　1）「合衆国政府の日本政府に対する回答」歴史学研究会編『日本史史料　現代』岩波書店、1997年、148p（外務省訳は「最終的ノ日本国ノ政府ノ形態ハ『ポツダム』宣言ニ遵ヒ日本国国民ノ自由ニ表明スル意思ニヨリ決定セラルヘキモノトス」）。本章は次の先行研究も参照して執筆した。藤田秀雄『社会教育の歴史と課題』学苑社、1979年、第4章〜第9章。藤田秀雄・大串隆吉『日本社会教育史』エイデル研究所、1984年、第7章〜第10章。大串隆吉『日本社会教育史と生涯学習』エイデル研究所、1998年、第2部第1章。千野陽一監修・社会教育推進全国協議会編『現代日本の社会教育─社会運動の展開　増補版』エイデル研究所、2015年、第1章。
　2）　藤田、前掲『社会教育の歴史と課題』212〜214p。

自己教育運動の復活・再生

　1945年10月 4 日に GHQ は「人権指令」(「政治的、公民的及び宗教的自由に対する制限の除去に関する司令覚書」) を発した。「国体護持」を至上使命とする東久邇内閣は、指令を実行できず総辞職する。その後を継いだ幣原喜重郎首相に対し、マッカーサーは11日、「民主化に関する五大改革」を口頭で指示する。すなわち、「選挙権付与による婦人解放」「労働組合結成の促進」「教育の民主主義化・自由主義化」「秘密警察の廃止」「経済機構の民主化」である。10月中旬には治安維持法をはじめとする思想・宗教・集会・言論の自由を制限する法令等は一切廃止され、天皇制の「無制限ナル討議」の自由も確保され、政治犯の釈放、特別高等警察廃止などが行われた。

　この自由のもと、戦前の反ファッシズム・民主主義運動に参加した者などが敗戦を解放としてとらえ、主として地方で敗戦直後初の本格的な地域における自己教育運動の復活・再生に取り組んだ[3]。また、戦争中に地方に疎開していた「疎開文化人」が取り組む例もあった。

地域における自己教育運動

　浪江虔 (1910〜1999) は、1930年代から農民組合運動に参加し、治安維持法違反などでたびたび検挙され、入出獄を繰り返していた。1939 (昭和14) 年に東京府南多摩郡鶴川村 (現・町田市) で、自宅を使って私立南多摩農村図書館を創設したが、1940 (昭和15) 年 5 月に再び検挙され未決囚・懲役囚として 4 年間獄中にいた。服役中に「本のない農村に本を提供する図書館ではだめで、はたらく農民がみずから育てる手づくり農民文庫こそ必要」と考え、戦争中の1944 (昭和19) 年11月に図書館を再開した。

　敗戦後、1945年10月15日の治安維持法廃止で自由になったと感じた彼は、農民文庫構想を知人に送り、1947 (昭和22) 年 1 月に『農村図書館』を出版した。この本は、浪江の「戦時中からの思想と行動によって」「抵抗と弾圧の経験にうらづけられて」書かれたものである[4]。以下にその一節を紹介する。

---

　3)　地域における自己教育運動として、本文で取り上げた実践例のほかに、田辺信一による埼玉県川口市での音楽・演劇等の文化運動援助の実践や、松井翠次郎・坂本義夫らによる東京の多摩自由懇話会・多摩自由大学、鷲見京一・菊池謙一・北原亀二らによる長野の移動人民大学もあげられる。

　彼は言う。「いまやうやく、文化運動をほんとうにおしすゝめるための条件
が、日本にも与へられたのである。無謀きはまる戦争をはじめて国力をつかひ
はたし、当然の結果として戦に敗れ、国をあげて食糧問題の解決にあたらねば
ならないといふときに、はじめて文化運動がその正しい軌道に乗り得たといふ
ことは、情ないことではあるが、しかしいま、われわれのまへにあるじやまも
のは努力によつてのりこええないものではない」。農村図書館普及運動の方法
はいかなるものか。「建物と本とを考へる」のは「奴隷根性のぬけきらぬ考へ
方」であり、まず「人間が大切なのである。人を結集することが根本なのであ
る」と説いた。農村図書館を「人を中心にして考へなほしてみると〔中略〕も
つと広く考へて、部落における教養全体のセンターとした方が、ずつと自然で
あると思われる。〔中略〕民衆の無知と無自覚とこそ、最も力強い安全弁と考
へて、民をして知らしむべからずといふモットーの下に勝手気侭に〔してきた〕
反動勢力がぐらつきだして、久しく眠りこんでゐた人間性がやうやくにして目
ざめ〔中略〕まづ自分たちの教養を高め、知識をみがき、生活を合理化し、農
業を応用科学のレベルまで高め、高い趣味を養ひ———一言にしていへば文明の
時代、自由の時代の人間らしく生きようとする、一切の運動を含んでいゝと思
ふ。そのやうな広汎な運動の基礎に本が十分に活用される。それこそ本当の意
味の図書館なのであろう」[5]。

　浪江は、部落単位で農民主体の図書館を作り、親館と分館とが協力関係を結
ぶ構想を基礎に、農村部落文庫普及活動を始めた。実際に分館が設けられ、農
業の科学の学習のための読書会が開かれ、自ら学ぶ力を身につける読書を活動
の基礎とした。地域の文庫を重視する彼の主張は『中小都市における公共図書
館の運営』(『中小レポート』1963年)と共通した内容を持っており、1960年代の
地域文庫活動の先駆けとなった[6]。

　戸塚廉(1907〜2007)は、静岡県桜木村(現・掛川市)の元小学校教師だった
が、中国から復員後、村に結成されていたあぜみち文化会に参加し、1946(昭

　4)　藤田秀雄「浪江虔—戦時中からの民主的社会教育開拓者」千野陽一監修・「月刊社会教育」
　　　編集委員会編『人物でつづる戦後社会教育』国土社、2015年、121〜126p。
　5)　浪江虔『農村図書館—かく生れかく育つ』河出書房、1947年、6〜8p。
　6)　小川徹・奥泉和久・小黒浩司『公共図書館サービス・運動の歴史　2』日本図書館協会、2006
　　　年、91p。

和21）年結成の農民組合の組合長にもなった[7]。あぜみち文化会と農民組合は
協力して教育文化運動に取り組んだ。1947（昭和22）年には夏季大学を開講、
玉城肇、市川房枝、浪江虔らを招いた。また、社会科学図書館を作った。約70
人の会員が月に20円ほど出し合って作った読書組合だったが、憲法公布記念村
立図書館に発展する。青年学校（のちに中学校）の一室を借り、蔵書千数百冊
から出発し、青年学校生徒会連盟が運営にあたった。

　これらの活動に参加した青年たちは、恋愛・結婚や家庭問題の学習を通じて
反封建的意識を持ち始めた。1946年9月の婦人向け文化講座に参加した一女子
青年は、「今迄家庭の中で遠慮深くあれ従順たれと、それが何よりかの婦徳と
され、その言葉におさえ付けられていた私達は完全に考える頭を失い、理想を
求める心を忘れ個性を伸ばす芽をつみとられていた」とふりかえった[8]。

　しかし、1948（昭和23）年になると一時の活力を失い始める。青年層を除く
と一般村民の教育文化運動への参加は多くなかった。青年層が集う農民組合青
年部は3月には青年団に統合した。活力を失った理由は二つあった。

　第一は、農民組合が主張した農業経営の共同化への疑問である。すなわち、
農地解放により自作農が増加し、自作農として生産力向上への期待が生じ、経
営共同化への関心が減退する。戸塚は、「農地がわがものになり、小作料もい
うにたりない定額で金納制になるので、生産意欲を高めて生産を増や」すこと
へ農民の関心が移ったと指摘している[9]。

　第二は、封建的家族意識の壁の厚さである。ある青年は、恋愛・結婚に関す
る近代的理念の正しさを認めながらも「農村に於いては未だ封建的家族制度強
く親の意見も仲々以て大事でそれに逆らうことは甚だ危険である。〔中略〕重
大なる問題であればこそ世間の耳や口、目が大切であると思ふ。如何に憲法や
民法がどうであろうと情勢の大流に逆行することは甚だ難く、それに打ち勝つ
力を私は持ってない」と述べていた[10]。農民組合青年部も封建的習慣や意識が
根強いことを認め、「根づよい農民生活の習慣は牢固として新しい農村の進展

　7）　桜木村での戸塚廉の活動については、多くを大串、前掲『日本社会教育史と生涯学習』155
　　～157pによった。
　8）　「文化講座について」桜木村青年団『さくらぎ』1947年新年号。
　9）　戸塚廉『戦後地域改革とおや子新聞―野に立つ教師五十年』双柿社、1978年、222p。
　10）　「再度『結婚問題』を論ず」桜木村農民組合青年部『宵草』1948年新年号。

を遮断して」いて、「この古い伝統と現代の農民との闘いが即ち村の民主化戦線の最も苦戦の個所である」ととらえていた[11]。

　結婚・家族の問題と農業経営の問題は、当時の農村の一般的な状況を表している。農地改革は自作農を一般化し、地主・小作関係は基本的な生産関係としての意義を持たなくなった。農民は共同経営よりも農業技術の高度化に関心を抱き、農村文化協会長野県支部も1948（昭和23）年ごろから、農業技術を含んだ農家経営と封建的な家観念の克服に重点を置き始めていた。しかし、この問題を解決する教育方法の出現は、共同学習や生活記録運動が起こる1950年代まで待たなければならなかった。

鎌倉アカデミアと京都人文学園

　地元の文化人が地域で自己教育運動に取り組んだ例を見てみよう。1946（昭和21）年5月、鎌倉・材木座の光明寺を仮校舎に、鎌倉アカデミアが開校した（当初は「鎌倉大学校」と称した）[12]。鎌倉には地元文化人による組織、鎌倉文化協会があり、「『自分の頭』で考える」人間づくりを目指し、文学科、産業科、演劇科、映画科が設けられた。二代目の校長は、戦前に戸坂潤らと唯物論研究会を創立した哲学者・三枝博音（さいぐさひろと）（1892〜1963）で、講師は鎌倉の文化人が中心となり、東京からも集った。高見順（作家、英米文学）、吉野秀雄（歌人）、服部之総（歴史家）、久米正雄（小説家）、千田是也（俳優、演出論）、吉村公三郎（映画監督）、野田高梧（脚本家）、今野武雄（数学）などである。

　「公開性・協同性・民衆性」を目し、公開講座も設けられた。自由な学風のもと、男女共学の学生による学校運営参加があり、自治会活動も活発で、学生大会では学費問題から暑中休暇期間、制服制帽まで論じられた。講師の1人、三上次男（東洋史・考古学）は、「学校があるから教師や学生がいたのではなく、教師や学生が集まっているから学校という場が必要だったというような感じがあった。教育とか研究というものの本来の姿は、そのようなものなのであろう」[13]と回想している。鎌倉アカデミア実践劇場、鎌倉考古学研究会、万葉集

11）　「欠けたるもの」桜木村農民組合青年部『声』1号、1948年。
12）　以下、鎌倉アカデミアについては、飯塚哲子「三枝博音『鎌倉アカデミア』の発足と展開そして今」北田耕也監修・地域文化研究会編『地域に根ざす民衆文化の創造―「常民大学」の総合的研究』藤原書店、2016年。

研究会、コーラス部など、様々な文化芸術活動も展開した。卒業生には戦後の
文化・芸能など多方面で活躍した人が多数いる（作家・山口瞳、作曲家・いずみ
たく、映画監督・鈴木清順、放送作家・前田武彦など）。

　京都では京都人文学園の実践があげられる。フランス文学者・新村 猛（1905
〜1992）は、戦前に京都で中井正一や武谷三男らと反ファッシズムの文化誌『世
界文化』を発行したが、治安維持法違反で検挙・投獄された。敗戦後1946（昭
和21）年6月に京都で、新村を園長に3年制各種学校として京都人文学園が創
設された（仮校舎は仏教会館）。平和やヒューマニズムを尊び、「行動の人として
思考し、思考の人として行動する」近代人育成を理念とした。

　京都人文学園は1949（昭和24）年に昼間部が廃止され、1年制夜間部新設で
労働者教育に傾注していくことになる。鎌倉アカデミアは1950（昭和25）年に
廃校となった。資金難で継続困難に陥ったことが主な原因だが、背景にはイン
フレと、それに続くドッジ・ライン（1949年）による財政緊縮などの経済動向
の影響、レッド・パージ（共産主義者およびその同調者と見なされる者を公職や職場
から追放すること）による「アカ」攻撃・風評があった[14]。

「疎開文化人」の活動

　「疎開文化人」が地方で自己教育運動に立ち上がったり関わったりした例を
見てみよう。

　美学者・中井正一（1900〜1952）は戦前、京都で『世界文化』や週刊小新聞
『土曜日』の編集に加わったり、洛北消費組合運動に参加したりしていた[15]。
しかし1937（昭和12）年に治安維持法違反で検挙された（1940〈昭和15〉年に懲役
2年・執行猶予2年の判決）。戦争末期に疎開先の広島県尾道市で尾道図書館長（嘱
託）に着任し、敗戦を迎えた。

　1945（昭和20）年10月4日に出た先述の「人権指令」の内容を知った中井は、
その3日後の7日、尾道図書館主催の講演会と座談会を企画し、毎週開催した。

13）　前川清治『三枝博音と鎌倉アカデミア―学問と教育の理想を求めて』中公新書、1996年。
14）　上野輝将「戦後京都における文化運動と知識人」『人文研究』5、神戸女子薬科大学、1977
　　年。
15）　以下、中井正一については、新藤浩伸「中井正一の『地方文化運動』と青年たち」前掲『地
　　域に根ざす民衆文化の創造』、藤田、前掲『社会教育の歴史と課題』202〜207p。

15日の治安維持法廃止前のことである。だが、中井自身による講演の聴衆が彼の母親1人という回もあったほどの状態で、3カ月で終わる。その反省と母親の助言から次のような工夫を考えた。①英語・ドイツ語の片仮名をむやみに使わない、②内容に構造を持たせ四つ以上のテーマ・話題にしない、③考え抜いて具体例をあげる、というものである。また、年末から「希望音楽会」と称するレコードコンサートを始めた。

　聴衆は徐々に増え、封建的意識克服を目的に（彼は「封建イデオロギー」を「ぬけがけ根性、みてくれ根性」と表現した）、春からカント講座を始める。青年男女の積極的参加も得て、尾道だけでなく三原でも開催、青年講座も開設した。中井は広島県労働文化協会を結成し、のちに会長に就くなど地域文化運動に尽力するが、1947（昭和22）年の県知事選出馬と落選を経て、1948（昭和23）年に国立国会図書館に招かれて尾道を去った。

　中井は講演で、福山市に本部を置いた歩兵第41連隊を例に「郷土を沸かせた部隊」が「勇猛果敢」「日本帝国軍の華」だったのは、「ぬけがけ根性」があったからで、それを支える女性たちがいたことも背景にあったからだ、と語った。この根性が残ったままでは、新憲法のもとでもまた「侵略の爆発」を繰り返すだろう。「男が侵略を事とする時代には、必ず女に忍従を求め、忍従の美を説くもの」だから、家父長制が残る家制度を克服し、「家の中を人権の砦にするためには、女たちが忍従をはねのけて、それを男にも認めさせる力を持つ」こと──人権意識喪失の認識と回復を説いた。この反省が、平和と民主主義を支える出発点となったわけで、藤田秀雄は加害と侵略の平和学習の創始と評価している[16]。

　木部達二（1915～1948）は、労働法研究や労働者教育、東京電機（のちの東芝）労務担当などに携わっていたが、敗戦時は静岡県三島市に疎開していた。彼は青年たちに呼びかけて1945（昭和20）年12月から庶民大学講座を開始した。講師の川島武宜（法社会学）は「日本の社会と婦人」と題して女性の社会的地位向上を説き、丸山眞男（政治学）は「明治の精神」の講義で、「戦争責任の追及のあいまいさを指摘したうえ、それが福沢諭吉に代表される明治初期の封建制

---

16)　藤田、前掲『社会教育の歴史と課題』202～207p、同「社会教育における平和学習の軌跡」『月刊社会教育』1995年8月号。

批判が天皇制国家体制のもとでおしこめられてしまったことと深い関係」にあり、「いまこそ『雷同、面従腹背、依頼心、空威張……治者—被治者意識』批判を大きく復権させるべき」と主張した[17]。

　1946（昭和21）年2月には、庶民大学三島教室が正式発足した。しだいにそうそうたる顔ぶれが講師にそろい、川島、丸山のほか、石母田正（歴史学）、佐藤功（法学）、大河内一男（経済学）、内田義彦（経済学）、古島敏雄（農学）、川田信一郎（農学）、今野武雄（数学）、武谷三男（物理学）、中野好夫（英文学）、国分一太郎（児童文学）などが参加・協力した。60〜100名超の聴講者の中から運営委員が出て、民主的運営が目指された。しかし、1948（昭和23）年2月の木部死去もあり、1950（昭和25）年ごろ消滅した。

　公民館を介して地域と疎開文化人がつながる例もあった[18]。勝野時雄は1946年5月に復員し、翌6月に長野県西筑摩郡吾妻村（現・南木曾町）の役場で書記になる。7月には後述の文部次官通牒「公民館の設置運営について」が発せられる。勝野によると、公民館構想・政策は、「われわれの生活感情からはおよそ遠いものとして殆んど関心の対象にはならなかった」という。しかし、「公民館設置の働きかけが、御料林解放運動の組織化の動機づけとして、村民の村当局に対する批判や、不満を汲みあげるパイプとして、極めて好都合な好機」となった。皇室財産・御料林の国有林移管に際し、入会権をはじめとして山林を取り戻したいという住民要求の運動組織化が求められていた。青年倶楽部の建物に妻籠公民館の看板を掲げ、10月に長野県初の公民館が誕生した。公民館は最初に、村長公選を前に「新しい村長はどんな人がいいか」という中心議題で村民大会を開いた。

　妻籠には敗色濃い1945（昭和20）年3月に、知識人や画家、日本出版協会役員など13家族が疎開していたが、勝野が復員したころには、関口存男（ドイツ語学）、米林富男（社会学）が残っていた。彼らが「村で受けた待遇はけっして温かいものではな」い状況だったため、勝野は疎開文化人と村民とを、公民館

17）　笹川孝一「自己教育運動の復興と展開」藤田・大串編、前掲『日本社会教育史』204p。なお、丸山の論文「超国家主義の論理と心理」は『世界』1946年5月号に掲載された（丸山眞男『超国家主義の論理と心理』岩波文庫、2015年所収）。
18）　以下、妻籠公民館の事例の引用箇所はいずれも、勝野時雄「戦後初期の公民館・長野県木曽妻籠公民館の場合—戦後社会教育史2」『月刊社会教育』1966年1月号、88〜94p。

を媒介に結びつけた。関口らの伝(つて)で、美濃部亮吉（経済学）、中島健蔵（フランス文学）、浪江慶や俳優なども含め、多くの文化人が公民館の文化講座講師として妻籠公民館を訪れた。関口と米林の自宅に公民館文化部・調査部が置かれ、公民館は御料林問題をはじめとする運動拠点となった。社会調査を行って結果を展示したり、入会権関係資料を収集したりした。演劇グループも結成され、関口の指導を受けた。のちに米林は「われわれをああした行動にかりたてたのは、あの村で受けた、冷たいよそ者扱いを受けたということばかりでなく、戦前、戦中に受けた、長い暗い圧力に対する、腹イセのようなものがあった」と振り返っている。

　1947（昭和22）年から勝野は館長になるが1950（昭和25）年に退任し、関口・米林は1951（昭和26）年までに妻籠を去った。1950〜1953年の朝鮮戦争など冷戦対立の国際情勢のもと、時代状況も変化していく。「後に赤い公民館、赤い館長として逆宣伝を受け」、妻籠公民館が地域民主化の拠点の役割を担う時期は長く続かなかった。また、長野県内では1948年に農村文化協会長野県支部(農文協)が『農村青年通信講座』を発刊し、共同学習運動が1950年代前半に拡大していくことになる。

労働者教育をめぐる動き

　都市では、特に労働者教育の復活・再生が見られた[19]。敗戦の年の年末までの4カ月あまりに37万8,481人の労働者が707の労働組合を結成した。1945（昭和20）年12月に労働組合法、1946（昭和21）年に労働関係調整法、1947（昭和22）年に労働基準法が制定され、労働組合組織化が進んだ。これらをつなぐナショナル・センターも生まれる。日本労働組合総同盟（総同盟）が85万人規模、全日本産業別労働組合会議（産別会議）は163万人規模で結成された。

　敗戦直後の時期は労働学校や労働講座を開催した例があったが、本格的な教育活動への余裕は乏しかった。しかし、日立工場労働組合のように、生産管理闘争の中で労働者の知的水準向上が自覚されたことは着目に値するし、そうし

---

19)　以下、敗戦直後の労働運動・労働者教育運動については、花香実「戦後労働者教育運動史」『労働者教育に関する資料集』1、日本労働組合総評議会教宣局、1967年、170〜188p、花香実・平野義政・谷川巌「労働者教育運動の歴史」労働者教育協会編『労働者教育論集』学習の友社、1982年、343〜347p。

た自覚を労働者教育の課題に据えて教育要求にまとめた全逓信従業員組合（全逓）もあった[20]。

　多くの組合は首切り反対や賃上げを要求し、実現していく。労資対立は激しさを増し、1947年2月1日の無期限のゼネラル・ストライキ突入が宣言されていたが、前日にGHQは中止を指令した（二・一スト中止）。

　二・一スト中止は労働運動の後退だったが、GHQの奨励も手伝って労働者教育運動は活発化する。労働組合自体も教育・文化活動を重視し始める。常設的な労働学校が多数創立され、内容には労働法制理解を通じた近代的労使関係確立の色彩の濃さや教養主義的傾向が認められるが、1950年代初頭まで活発な労働者教育運動が展開し、サークル活動とともに活況を呈した。

　労働者教育をめぐる行政・政策の動きも見てみよう。1948（昭和23）年2月に教育刷新委員会は「労働者に対する社会教育について」を建議し、労働者教育における文部行政と労働行政の所管の明確化と協力を求めた。これを受け、同年7月に文部・労働両省は、労働関係諸法令・組合・労働委員会に関する教育に関しては労働省が担当し、「公民教育の一環として社会の一員たる労働者が健全な社会人乃至公民として必要とする教養の向上、知識の涵養、人格の陶冶に資する」教育に関しては文部省が担当する、というように分担することを了解し合う。このことは、社会教育行政から労働者教育を分離することを意味し、労働者教育を成人教育の中核に据えて発達した欧米のような展開の可能性を大きく削ぐことになる。また、労使関係における労働者教育の位置づけにおいても、1949（昭和24）年ごろからその主導権を経営側が握り、技術教育を含む生産向上に関する教育を経営権の一部とした[21]。

2.　占領下の社会教育行政

　1945（昭和20）年12月に、翌年4月の敗戦後初の総選挙をひかえて、文部省社会教育局長は地方長官へ「総選挙ニ対処スベキ公民啓発運動実施ニ関スル件」

　20）　大串、前掲『日本社会教育史と生涯学習』157〜158p。
　21）　小野征夫・依田有弘「戦後社会教育草創期における労働者教育構想の意義」『日本社会教育学会紀要』No.14、1978年、1〜9p、藤田・大串編、前掲『日本社会教育史』190p、大串、前掲『日本社会教育史と生涯学習』158〜159p。

を発し、「各学校市町村部落（町内会）及社会教育団体等」へ「公民ノ集ヒ」を
開催することを求めた。また文部省は、経済危機・食糧難深刻化のもと勤労と
供米を徹底させる「経済道義昂揚」の運動も求めた。敗戦後半年を経てもなお、
政府は国民に「道義」を説き、政策に従属・協力を求める「国民精神総動員」
的社会教育観を持ち続けていた[22]。

　日本政府の不徹底な民主化政策に対し、**GHQ** は1945年10月に「日本教育制
度ニ対スル管理政策」を発して以降、12月にかけて矢継ぎ早に基本的人権の尊
重に基づいた教育を求めた。軍国主義・超国家主義教育・国家神道の排除、『国
体の本義』『臣民の道』の廃止、修身・日本歴史・地理の教科の停止、軍国主
義的・超国家主義的教員・教育関係者の調査と公職追放（教職追放）などを指
令した（「教育に関する四大総司令部指令」）。逆に、自由主義的・反軍的思想で解
職・休職させられた教員は復職となった。社会教育関係者の公職追放は不徹底
で、例えば1947（昭和22）年5月に、社会教育局長は教職追放・公職追放該当
の者が公民館の管理運営に関与することを禁じる旨を知事に伝えているが（「公
民館関係者の粛正について」）、これは学校教育等から追放された者が公民館関係
者になるケースがあったことを示している。

　敗戦直後の社会教育行政は、公民啓発運動にも目標を置いた。東久邇・幣原
両内閣の文部大臣は、戦前来の公民教育論者、前田多門であった（のち公職追
放）。1945（昭和20）年10月15日に文部省社会教育局が復活し、局長には大正デ
モクラシーの思潮の一翼を担ったジャーナリストで公民教育論者の関口泰が就
いた。同局には山室民子（視学官）や宮原誠一（調査課長）、今日出海（文化課・
芸術課長）らが迎えられ、同年9月に選任された文部省社会教育委員には、権
田保之助、森戸辰男、宮本百合子、赤松常子らが名を連ねている。戦前からの
官僚機構や政策発想は断続することなく継続しつつも、文部省に民間から新た
なメンバーが関わるようになる。

　1946（昭和21）年3月、第一次アメリカ教育使節団が報告書をマッカーサー
連合国軍最高司令官に提出した。報告書を受けて、文部省は5月に戦後初の教
育改革の指針として「新教育指針」を発表する。学校教育では報告書が勧告し
た方向に従って教育制度改革を進めていくことになる。

　社会教育では、「成人教育」項目で「公立図書館」「博物館」が取り上げられ、諸学校における夜間部設置、学校開放などが例示された。報告書は、民主主義に忠実だった経験を持つ迫害と弾圧を受けた日本人が点在していて、彼らの中に成人教育にすでに取り組む人もいること、彼らを中核の担い手に成人教育が始められていることを指摘している。また、「初等・中等教育」の項目で、「府県および地方の学校当局が〔中略〕公による成人教育の計画を推進すること」や、「親と教師の組織」の奨励を勧告した。後者は社会教育関係団体であるPTA（「父母と先生の会」）へとつながり、CI&Eの強い勧奨で強力に組織化されていき、児童生徒の保護者と教員の学習組織として活動し、しだいに教育条件改善の運動母体としても発展していく[23]。

　1946年8月に教育刷新委員会が設置された。学校教育、社会教育、大学制度、教員養成、教育行財政など35回にわたる建議によって大きな影響力を持った。10月、委員会は「六・三制」原案を発表した。1947（昭和22）年4月1日から、国民学校を小学校とし、国民学校高等科を1年延長した中学校を新設した義務教育9年の新制度がスタートすることになり、1947年3月末日をもって青年学校廃止も決まる。

　これに伴って勤労青年の教育機会保障が問題となり、長野県下伊那郡では青年学校生徒連盟結成大会を1947年3月に開催し、定時制高校設置と義務制の要求運動を起こした[24]。第1部第5章で取り上げた青年会自主化運動の伝統の復活が認められるわけだが、定時制課程の教育機会は十分でなかった[25]。勤労青年は、松本深志学園のような学校的形態をとる教育機会や、公民館での青年教育の機会に接続することになる。

　新教育制度の整備により、一部の高校等を除き男女共学となり、新制の小学校、中学校、高等学校、大学が誕生した（「六・三・三・四制」）。教育制度改革によって生まれた教育体制は「新教育」「民主教育」と呼ばれた。

23)　上田幸夫「占領下での戦後社会教育の出発」千野陽一監修・社会教育推進全国協議会編、前掲『現代日本の社会教育　増補版』32〜33p。
24)　『下伊那青年運動史』国土社、1960年、219p。
25)　大串、前掲『日本社会教育史と生涯学習』162p。

3.　日本国憲法・教育基本法と社会教育

日本国憲法

　1946（昭和21）年11月3日に公布され、翌1947（昭和22）年5月3日に施行された日本国憲法は、「新憲法」「平和憲法」と呼ばれ、大日本帝国憲法と天皇制で成り立つ戦前の国家主義的・軍国主義的国家と異なる体制が出発したことを法的に示している。前文は、「主権が国民に存することを宣言し」、「全世界の国民が、ひとしく恐怖と欠乏から免かれ、平和のうちに生存する権利を有することを確認」している。国民主権（主権在民）、平和主義（戦争放棄）、基本的人権の尊重を基本理念とする日本国憲法の精神と権利規定は、民主的な社会教育の基盤である。

　新憲法は、第26条で「すべて国民は、法律の定めるところにより、その能力に応じて、ひとしく教育を受ける権利を有する。」と定めた。

　大串隆吉は、第26条の教育権／学習権規定が、第25条の生存権規定と第27条の勤労権（社会権）の間に位置して、両者を実質化する側面を指摘している。教育権／学習権を「社会権的学習権と自由権的学習権と発達的学習権」の三つの系でとらえ、生存権を獲得し実質化するために勤労権のための職業教育などの学習権、学問や思想の自由など内心の自由を保障するための学習権、子ども・青年の発達成長を保障する学習権の正当性が認められることが、自己教育運動に対する公的保障のために必要である、としている[26]。

教育基本法

　新憲法公布を受けて1947（昭和22）年3月に教育基本法が制定された。同時に学校教育法も制定された。1948年7月には教育委員会法が制定され、委員の公選、教育予算原案提出などが定められた（1956〈昭和31〉年廃止）。同時に戦前の天皇制教学体制否認も進む。1948（昭和23）年6月には衆議院で「教育勅語等排除に関する決議」が、参議院では「教育勅語等の失効確認に関する決議」が行われた。

　26）　大串隆吉『社会教育入門』有信堂高文社、2008年、61、74〜75p。

　憲法で「民主的で文化的な国家を建設して、世界の平和と人類の福祉に貢献しようとする決意を示した」ことを受け、1947年制定の教育基本法前文は「この理想の実現は、根本において教育の力にまつべきものである」とうたった。第2条では、「教育の目的は、あらゆる機会に、あらゆる場所において実現されなければならない。この目的を達成するためには、学問の自由を尊重し、実際生活に即し、自発的精神を養い、自他の敬愛と協力によつて、文化の創造と発展に貢献するように努めなければならない」と教育の方針が定められた。これは教育機会を学校教育だけに限定しないことを意味する[27]。

　第1部第6章で見たように、戦時中の教育審議会答申「社会教育ニ関スル件」では、社会教育が「実際生活ニ即シ」た形をとるとしていた。政府が「日常生活における国民の思想・行動を社会教育の対象とすえ」て生活文化に介入し「善導」することと決別するためには、国民に社会教育の自由が保障されなければならない[28]。また、1947年の教育基本法は第10条で、「①教育は、不当な支配に服することなく、国民全体に対し直接に責任を負つて行われるべきものである。②教育行政は、この自覚のもとに、教育の目的を遂行するに必要な諸条件の整備確立を目標として行われなければならない。」と定めた。条件整備を行政の責務として規定していることとあわせ、教育条件としての施設等を整備していくことに教育行政の範囲を画定していることがわかる。

　社会教育については、第7条で「家庭教育及び勤労の場所その他社会において行われる教育は、国及び地方公共団体によつて奨励されなければならない。」と定義し、第2項で「国及び地方公共団体は、図書館、博物館、公民館等の施設の設置、学校の施設の利用その他適当な方法によつて教育の目的の実現に努めなければならない。」と定めた。具体的な行政施策として、「施設の設置」、「学校施設の利用」等を示し、国および地方公共団体の責務を限定して示した[29]。

---

27)　2006年に全部改正された教育基本法では、第3条（生涯学習の理念）において「その生涯にわたって、あらゆる機会に、あらゆる場所において学習すること」とうたわれている。

28)　大串、前掲『日本社会教育史と生涯学習』126〜127、165p。

29)　長澤成次『現代生涯学習と社会教育の自由—住民の学習権保障と生涯学習・社会教育法制の課題』学文社、2006年、112〜113p。

4.　公民館と社会教育法

公民館の創設

　復活した社会教育局（関口泰局長）に1945（昭和20）年11月に新設された公民教育課の課長に、寺中作雄（1909~1994）が任じられた（当初は調査課長を兼任）。1946（昭和21）年3月に公民教育課は廃止され、彼は社会教育課長になった。

　寺中は、1934（昭和9）年に内務省に入り選挙粛正運動などに従事し、1938（昭和13）年に文部省に移った官僚である。彼の回想によると、敗戦後のある局議で「社会教育委員制度の復活」を議題に論じた際に、公民館構想を「爆弾動議的に持ち出した」という[30]。年末にはその構想を私案として「公民教育の振興と公民館の構想」と題してまとめ、1946年1月号の『大日本教育』で次のように提唱した。

　　学校のみが教育の場であり学徒のみが対象であるとなすことが今日の公民
　　教育の貧困を招き憲政の危局□国家の転落を招いた原因の一である。公民
　　教育の場は第一に家庭であり、第二に社会であり、学校はむしろ公民教育
　　の補足的部分を担当するものである。私は差当り今日公民教育の画期的振
　　興を策すべき秋に当つて全国各町村に於ける綜合的公民学校たる「公民館」
　　の設置を提唱したい。公民館の構想は未だ私案の域を脱しないが、大体の
　　覗ひは之を以て全国各自治体における社会教育の中心機関として義務教育
　　の府たる国民学校に並んで其の教育的二大支柱の一たらしめんとするもの
　　であり教育的権威ある専任館長と数名の其の幕僚を当置せしめ不断に社会
　　教育の施設を開設し、又常に町村民の親睦社交の場として開放し、日常茶
　　談の中に其の文化的啓発と政治的向上を期せんとするものである。

　寺中の私案では、「要するに公民館は現在の図書館施設と青年学校とを綜合
したものを基軸とし、公会堂、各種団体本部にも活用してあらゆる成人町村民

---

30)　寺中作雄「社会教育法制定の頃―特に公民館発足当時の思出」『社会教育』9巻6号、1954
　　年6月。

の精神的教育的中心として運営せられる」と描かれていた。図書館と青年学校が基軸となった公民館構想であるが、図書館附帯施設論争をはじめとする戦前の議論を彼は知らなかったようである[31]。

　私案であった寺中の構想は、半年後には政策化される。1946（昭和21）年7月5日に各地方長官宛てに出た文部次官通牒「公民館の設置運営について」である。これによって日本各地に公民館が創設されていくことになる[32]。

　新聞は、全国紙も地方紙も7月中旬に文部次官通牒の内容を報じている。例えば『福島民報』は、GHQ が「市民公民館と呼ばれる成人教育の機関設立」に賛意を表明したと7月10日に報じ、13日には「郷土色も豊かに生れる公民館・日本民主化への広汎な施設」の見出しで文部次官通牒の概要を伝えている。記事は文部省が「民主化の支柱としようと公民館設立要綱を発表」し、それは「今までの地方セツツルメントや青少年団、生産協同組合或は公会堂などが果して来た広汎な施設を具備するもの」だと説明している。

　小川利夫は、寺中の構想について「敗戦後にもなお根強く生きつづけた日本的ナショナリズムの一つの表現形態」であり、戦前来の公民教育の系譜上にあることから、「必ずしも戦後『民主化』の産物とはいえない。それはむしろ戦前からの『歴史的イメージとしての公民館』構想が、終戦直後の混乱の中で新しい粧のもとに開花したものであり、この意味ではけっして画期的なものでも何んでもなかった」と評している[33]。

　しかし、公民館は戦後民主主義を体現する性格をも有していた。文部次官通牒にまとめていくにあたり、重要な性格が加わった。公民館が「民主主義的な訓練の場」となるよう、社会教育の地方分権化の機能が付加されたのである。これは政策化に関与した J・M・ネルソンの役割が大きい。彼は1946（昭和21）年4月に CI&E の成人教育担当官となり、公民館を青年学校に附設することに

31）　寺中作雄ほか「公民館創設のおもいでと忠告（鼎談）」『月刊社会教育』1961年11月号。

32）　寺中作雄『公民館の建設―新しい町村の文化施設』公民館協会、1946年は、文部次官通牒に示された公民館像を平易に解説したものである（復刻版は、寺中『社会教育法解説・公民館の建設』国土社、1995年）。

33）　小川利夫「歴史的イメージとしての公民館」同編『現代公民館論』東洋館出版社、1965年、24p。公民教育思想の系譜と構造から公民館構想の歴史的性格を検証した研究として、上原直人『近代日本公民教育思想と社会教育―戦後公民館構想の思想構造』大学教育出版、2017年がある。

反対し、公民館の地方分権化を強調した。それらの示唆により、全町村民の選挙によって選出された公民館委員会が公民館を運営することが文部次官通牒に加わり、住民自治の性格が明確になった[34]。

文部次官通牒が出た13日後、香川県の地方紙『四国新聞』に現・観音寺市在住の読者からの投書が掲載されている。

　　設立要綱によれば公民館は公選されたる委員会によつて運営されるとあるが、私はこの点わが意を得たものとして推奨するものである。なぜならばこれにはもろもろの地方文化団体に未だかつて見出し得なかつたところの新鮮味を発見するからである。しかもそのフレッシユなるものはあくまで民主的構成を基礎としてゐるからである。従来の地方文化団体はなんらかの意味においていはゆる官僚的色彩をもつてゐたし、又持たされもしてゐた。これでは自由なる地方文化発展への寄与は期待されないのみか鼻もちならぬ雰囲気さへも醸成した。〔中略〕こゝにおいて私は声を大にしていひたい。公民館設立の成功か否かの問題は一にかゝつてその構成要素にあると。すなはち、その構成人材の公選を原則とする委員会に民主的に実践力ある文化人を得るか否かに問題は帰一する〔中略〕地方文化の向上は日本文化の向上を意味し、地方町村の民主化は日本の民主化にスピードを与へるものである[35]。

　こうした期待が寄せられた公民館委員会の制度であったが、実際に全町民の選挙が行われた例は少なかった。

　公民館は、1946（昭和21）年11月3日に公布された日本国憲法の普及を図る役割も担うことになる。1947（昭和22）年1月の社会教育局長通知により「新憲法公布記念公民館」の設置奨励・促進のため、少額ではあるが交付金の予算が組まれる。通知では「町村民に対し新憲法の精神を日常生活に実現するための恒久的施設として、特に適当なる町村を選んで、公民館の設置を促進」とう

34）　大田高輝「公民館構想とその制度化」小川利夫・新海英行編『日本占領と社会教育』大空社、1991年、14〜16p
35）　「公民館に寄せる」（香川県三豊郡豊浜町在住、筆名「文化生」の投書）『四国新聞』1946年7月18日。

たわれた。憲法第12条は「自由及び権利は、国民の不断の努力によつて、これ
を保持」するよう規定しているが、新憲法が掲げた理念を日常生活の中で実現
していく「恒久的施設」として位置づけた意義があるといえよう[36]。

　公民館の「公民」は、公民教育に由来しているが、民主主義に基づく政治教
育が公民館で行われることによって、政治主体の形成が期待された。新憲法普
及運動のために文部省は学校教育用の副読本『あたらしい憲法のはなし』(1947
〈昭和22〉年 8 月 2 日文部省発行。1952〈昭和27〉年 3 月まで使用)を、公民館、社会
教育委員、社会教育職員、青年団、PTA 役員に配布した[37]。

　ところで、創設初期の実際の多くの公民館は、公民教育や新憲法普及といっ
た役割を果たすだけでなく、むしろ、「町村振興の中心機関」として総合的な
機関の性格を濃厚に持っていた。農業改善などの産業振興、敗戦後窮乏する生
活の安定・向上、文化・教養などの性格が見られ、「村づくり」の総合センター
であった[38]。文部省社会教育局長と厚生省社会局長が各地方局長宛てに1946(昭
和21)年12月に出した「公民館経営と生活保護法施行の保護施設との関連につ
いて」では、生活扶助、医療、助産、生業扶助、葬祭扶助などの保護事業、託
児、授産などの援護も公民館で行い、「公民館運営委員と民生委員とは協力し
て社会事業と社会教育との緊密な関連を図るよう配慮する」よう求めている。
公民館はときに「万能公民館」「よろず屋」と呼ばれるほど地域の課題に関わ
る多様な事業に取り組んだ。

　この時期の公民館の総合性には、社会福祉や産業振興などと社会教育を結ぶ
側面と、徴税や施策の広報・啓発など一般行政に従属して補助機関化する側面
とがあった。しだいに、戦後の諸改革の法整備が進み、行政の組織機構が整え
られていく中で、公民館の雑多な多機能性・総合性が、その可能性を十分模索
することなく失われていくケースが生じた。

　文部次官通牒の約 1 年後の1947(昭和22)年 8 月には、 1 万504全市町村のう

36)　長澤成次「『新憲法の精神を日常生活に具現するための恒久的施設』としての公民館」同『公
　　民館はだれのものⅡ—住民の生涯にわたる学習権保障を求めて』自治体研究社、2019年、62〜
　　71p。
37)　社会教育局長通達「『新しい憲法のはなし』の配付について」1947年 9 月15日(藤田秀雄「『民
　　主化』過程の社会教育」碓井正久編『社会教育』東京大学出版会、1971年、65p)。
38)　千野陽一「初期公民館活動の性格」小川編、前掲『現代公民館論』。

ち2,016市町村に公民館が設置され19.2%の設置率だったが、1953（昭和28）年
5月には1万55全市町村のうち7,426市町村（設置率73.9%）で3万4,244館（う
ち本館7,973館）となった。「昭和の大合併」が進む1955（昭和30）年3月には6,416
全市町村のうち5,223市町村（同81.4%）となり、3万6,406館（うち本館7,867館）
を数え、うち、独立施設を持つ市町村は全体の32%、新築の建物を持つ市町村
は13%であった[39]。文部次官通牒には随所に「町村」「町村民」と記され、都
市（市）においては「公民館の設置は必ずしも考へる必要がないと思はれる」
とされた。公民館は主として農村の設置が想定されたが、一部の都市部も含め、
全国に公民館の設置が進んだ。

　1947年11月3日の新憲法公布の日に、生活科学化協会と毎日新聞社が文部省
の後援を受けつつ「優良公民館」表彰を行った。翌年からは11月3日「文化の
日」に文部大臣表彰として行い、公民館普及促進が図られた。全国の公民館が
2万3,000館を超えた1951（昭和26）年には、全国公民館連絡協議会が結成され
た（1965〈昭和40〉年には社団法人化し、全国公民館連合会になった。現在は公益社団
法人）。

社会教育法の制定

　戦前日本の社会教育関係法は1899（明治32）年の図書館令のみであった。教
育は勅令（天皇の命令）によって行われており、戦後に法に基づく法治主義に
転換したことは画期的だったが、社会教育法制の整備は学校教育法制に比して
遅れて進んだ。

　戦後日本の社会教育法制は上位法から順に、日本国憲法、教育基本法、社会
教育法によって基本的な骨格を成している。1949（昭和24）年6月制定の社会
教育法は「教育基本法の精神に則り、社会教育に関する国及び地方公共団体の
任務を明らかにすることを目的」にしている。図書館法（1950〈昭和25〉年）、
博物館法（1951〈昭和26〉年）は、「社会教育法（昭和二十四年法律第二百七号）の
精神に基き」それぞれの設置・運営について定めており、これらの法律によっ
て初めて社会教育の学習権を保障する体制が構築された。

---

39)　文部省社会教育局編『社会教育10年の歩み―社会教育法施行10周年記念』文部省、1959年、
180p。

　社会教育法制定は、1947（昭和22）年3月の学校教育法制定から2年余遅れた。しかし社会教育行政に法的根拠を与えた点でも法制化は画期的であった。主な特徴は、社会教育の法的定義・領域画定、行政による権力的な統制の禁止と「環境醸成」を責務とする助長行政、具体的方法としての施設主義、社会教育行政の中核としての市町村主義である。これらの特徴を課題とともに見てみよう。

　社会教育法第2条は、社会教育を「この法律で『社会教育』とは、学校教育法（昭和二十二年法律第二十六号）に基き、学校の教育課程として行われる教育活動を除き、主として青少年及び成人に対して行われる組織的な教育活動（体育及びレクリエーションの活動を含む。）をいう。」と定めた。

　教育の範囲、学校教育の範囲によって社会教育の範囲が定まる領域的な定義であり、控除的で消極的な定義でもある。しかし、第1条で定める法の目的が「国及び地方公共団体の任務を明らかにすること」にあることとあわせてみると、公教育における学校教育と社会教育の領域を示したものと解することができる。「社会教育の定義を学問的に規定しようとすれば、種々の観点から色々の定め方をすることができるであろうが、法律中において社会教育を如何なる内容のものとして規定すべきかについては、法の目的とするところに従つて」考え、「組織的な教育活動」については「社会教育の目的の為に組織する一定方式に従つた活動をいい、本法各章にかかげた公民館、学校施設の利用、通信教育の如き形態をもつて行う教育」を意味する、と説明された[40]。

　寺中作雄は著書『社会教育法解説』の「序」で次のように述べ、立法者意思や同法の理念を示している。

　　法制化は必ずしも国民の側に拘束と負担とをもたらすものではない。大きく国民の自由をもたらすために、自由を阻む方面に拘束を加えて、自由なる部分の発展と奨励とを策することも法制化の一の使命である。かくて、法制化ということに新しい意義が加えられつつある今日、社会教育の自由の獲得のために、社会教育法は生れたのであるということができるであろ

40）　寺中作雄『社会教育法解説』社会教育図書、1949年、50〜52p（復刻版は、寺中、前掲『社会教育法解説・公民館の建設』）。

う。文化国家であり、民主国家であるべき新しい日本の方向においては、法治ということに一層重要な意義が加えられ、すべての秩序は法によって護られるのであるから、法に根拠を置かない社会教育の自由はいつ侵されるか保障し難いのである。その意味で、社会教育の大きな発展のために、更には民主国家の国民に必要な国民教育の自由と向上のために、社会教育法の絶対的な存在意義があったのである[41]。

　古典的な基本的人権に基く自己教育・相互教育が自由の原理のもとにあることを、行政との関わりの有無にかかわらず認めたことは大きい。社会教育法は、自由な社会教育の活動に行政が不当な統制・干渉を加えることを禁じた。第10条では「法人であると否とを問わず、公の支配に属しない」ものを「社会教育関係団体」として位置づけ、第11条で、行政はその「求めに応じ、これに対し、専門的技術的指導又は助言を与えることができる」関係しか持てないと限定している。第12条の「国及び地方公共団体は、社会教育関係団体に対し、いかなる方法によつても不当に統制的支配を及ぼし、又はその事業に干渉を加えてはならない。」という規定は、社会教育の自由の確保のために重要な規定であり、「権力的な統制禁止」は社会教育法の大きな特徴の一つである。

　なお、制定当初は、憲法第89条の「公の財産の支出利用の制限」を適用し、第13条で「国及び地方公共団体は、社会教育関係団体に対し、補助金を与えてはならない。」とも定めていた。行政と社会教育関係団体の関係について、「ノー・サポート、ノー・コントロール」の原則が明示された。当時、社会教育関係団体に想定されていたのは、少年団体、青年団、婦人会、PTA などであった。社会教育行政は、社会教育関係団体の活動や、行政との関わりを持たない団体・グループの活動の「環境を醸成」することに努める使命がある。教育基本法の教育の条件整備確立規定を受けて、社会教育法では環境醸成が行政の責務とされ、自主的な社会教育活動のための「助長行政」を定めた特徴がある。

　具体的な環境醸成の方法としては、社会教育法第9条で「社会教育のための機関」として図書館と博物館が明記され、第20条では公民館が「実際生活に即

する教育、学術及び文化に関する各種の事業を行い、もつて住民の教養の向上、健康の増進、情操の純化を図り、生活文化の振興、社会福祉の増進に寄与することを目的とする」ことが規定されていることから、環境醸成の中に施設の設置・運営が含まれていることがわかる。行政の責務として施設の設置・運営を定め、行政が施設を通じて社会教育の振興・奨励を図る「施設主義」の特徴が認められる。第１部第３章で見たように、戦前の行政による民衆教育—社会教育行政の性格の一つが「非施設・団体中心性」であったことからすれば、団体主義から施設主義への大きな転換ということができよう。

　施設の設置運営による社会教育振興のほかにも、学校施設の利用（第５章）、通信教育（第６章）など、「組織的な教育活動」としての公教育が法の規定に含まれた。公民館は特に第４章に23条にわたり全57条のうち約４割を占めたが、逆にいえば、公民館以外の社会教育機関の法制整備が十分でなかったともいえる。図書館法は1950（昭和25）年に、博物館法は1951（昭和26）年にそれぞれ制定されるまで待たねばならなかった。また、学校施設の利用では、「学校教育上支障がないと認める限り」と留保が付けられるなど（社会教育法第44条）、学校開放に積極的とはいえなかった。

　公選制教育委員会のもと、社会教育法では社会教育委員、公民館運営審議会などにより住民の自治能力を発揮することで、自由と権利が保障されることが期待されている。住民参加による住民自治を制度として法定したところにも、本法の性格が表れているが、社会教育法では、公民館運営審議会が館長の諮問機関となり、管理運営を担う公民館委員会に比して後退した。

　団体自治の側面からいえば、国や都道府県の事務がきわめて限定されており、基礎自治体が社会教育行政の多くの任務を担当する「市町村主義」も社会教育法の特徴である。社会教育委員、公民館の設置・管理や運営審議会委員などについて、「当該地方公共団体の条例で定める」とし、憲法第94条で定める地方公共団体の権能を具体化している。

　社会教育法制定は、以上の特徴を有する点で画期的であったが、一方で法制化による社会教育行政の範囲が画定され、従来の社会教育の幅広い展開を狭める現象ももたらした。例えば、文部次官通牒を契機に展開した公民館で、公民館委員会など住民自治のシステムが有効に機能し行政からの独立が保たれてい

た場合、地域の生活・産業・福祉など相当広い範囲で自由な活動が可能であったが、法制化以降は、公民館が教育行政に従属し、教育機関としての独立性が失われ、活動の幅が狭まる傾向も見られた。

　なお、公民館は法制化のあと「施設主義」の側面を強調しつつ整備が進む。福井県教育委員会の社会教育主事は、1952（昭和27）年ごろを回想して、「文部省の小和田〔武紀〕社会教育官が来県して『公民館は施設である』と力説して回った。当時は公民館は事業主体で、公民館事業を通して地域と結びつくことであると思っていたが、この時から公民館は『教育機関であり施設である』と県内各市町村長、教育長に説明して公民館独立施設をつくるよう呼びかけて歩いた」と述べている[42]。社会教育独自の施設空間の確保は戦前来希求されてきたことであったが、営造物施設・設備の整備だけで社会教育の振興が図られるわけではなく、専門職員をはじめとする職員体制、事業や活動など社会教育実践の内容と方法、社会教育の自由の保障が大きな課題であった。

5.　冷戦下の占領政策転換と社会教育

東西冷戦下の反共・対米従属政策

　国際社会は米ソ対立が激しくなっていく。1949（昭和24）年10月には中華人民共和国が成立し、1950（昭和25）年になるとアメリカでマッカーシー旋風が吹き荒れ、喜劇王チャップリンは共産主義者として迫害され、アメリカを離れた（「赤狩り」。主導したマッカーシー上院議員の名前から「マッカーシズム」とも呼ばれる）。東西冷戦は激化し、1950年6月から3年にわたる朝鮮戦争となる。日本では同年7月に警察予備隊が発足した。1948（昭和23）年1月にロイヤル陸軍長官は「日本を全体主義（共産主義）の防壁にする」と演説した。

　国内外の情勢を背景にした反共政策・対米従属と保守反動化は、教育にも影響を及ぼし、日本においてもレッド・パージが始まった。日本共産党員とその同調者と見なされた者が公職や職場から追放され、教育領域においては、1949年に新制大学として新設された新潟大学の開学式で、CI&E顧問 W・C・イー

────────────
　42）　渡辺紀「青空公民館からの出発」福井県公民館史編集委員会編『福井県公民館史—県公連創立30周年記念』福井県公民館連合会、1980年、426p。

ルズが共産主義者の大学教員の追放を主張した。イールズ発言に対し、南原繁東京大学総長や全日本学生自治会総連合（全学連）などが、大学の自治・学問の自由を擁護するために反対を表明した。人事院は大学でのレッド・パージを事実上認めない見解を出したが、小・中・高校では進められた。

　第二次アメリカ教育使節団報告書（1950年 9 月）には、「極東における共産主義に対する最大の武器の一つは、日本における啓発された選挙民である」と記された。第一次アメリカ教育使節団報告書（1946年 3 月）では、「民主主義」は軍国主義・超国家主義の対立語として用いられたが、冷戦が激化する中で出された第二次報告書は、「民主主義」を共産主義の対立語として用いた[43]。占領政策は、当初の日本の非軍事化・民主化の方向（反軍国主義・反超国家主義）から、日本を西側陣営に位置づけてアジアでのアメリカの拠点とする方向（反共主義）へ転換していくことになった[44]。日本をアメリカの従属下に置き、東アジアにおける反共の砦とする占領政策の転換は、誕生した新教育制度を大きく変質させるものであった。

　また、敗戦直後に軍国主義・超国家主義や戦争遂行・協力に問われて公職追放された者が、1950（昭和25）年10月以降に次々に追放解除され公職復帰が進んだ。戦前来の旧勢力の復活が始まり、「戦前回帰」に向けて新憲法の改正、再軍備などを唱えるようになる。

　講和のあり方の論争は、西側諸国とのみ講和条約を締結する政府の「片面講和」論と、全交戦国と条約締結する「全面講和」論とが、安全保障（再軍備や独立後の米軍の日本駐留継続問題）、非武装中立論などとともに争われた。1951（昭和26）年には「片面講和」としてサンフランシスコ講和条約が調印され、翌52（昭和27）年 4 月に発効、日本は独立した[45]。講和条約と同時に日米安全保障条約も結ばれた。米軍は日本国内のどこにでも基地を設定でき、必要な便宜を日本が提供し、米兵とその家族に特権的地位を与える、という日本の主権を大き

　43）　藤田・大串編、前掲『日本社会教育史』245〜246p。

　44）　小川利夫は、社会教育法制定の動きが二・一ストの前後から具体化され始めていることに注目し、法制化の「体制的要因」を再吟味する必要を指摘している（小川、前掲「歴史的イメージとしての公民館」）。

　45）　サンフランシスコ講和会議にインドとビルマは参加拒否し、中国は招待されなかった。また、講和条約にソ連・チェコスロヴァキア・ポーランドは調印しなかった。

く制限する内容であった。

「ナトコ映画」と社会教育主事法制化

　民主化・民衆運動の進展と占領政策の転換・保守化のせめぎあいの中で、社会教育法制定前後の社会教育は矛盾をはらみつつ展開していく。

　敗戦後、全国各地に新生青年団が誕生し、各都道府県郡市連合体が結成されていくが、CI&E も青年指導に積極的に取り組む。1948（昭和23）年10月に YLTC（青少年指導者講習会）が始まる。小集団のディスカッションを基礎にしたグループワークやプログラム編成など、アメリカの指導法が示された。個人の自立性を前提にした理論であり、実践現場では小集団づくりに終始する例もあった。1948〜1952年に CI&E が文部省との共催で開いた IFEL（教育指導者講習）では、社会教育指導者対象の講習においてグループワーク等の指導法が示された。学習者を主人公にしたグループワークなど、自由で楽しい話し合いを通じて仲間づくりを目指す学習形態が試みられ、フォークダンスなども盛んになった。オリエンテーション、レクリエーション、ディスカッションが強調され、青年教育などの実践で頻繁に用いられたことから、こうした形態を皮肉って「ションション社会教育」「ションション青年団」と呼ぶこともあった。

　青年団の全国的な組織化の機運も高まった。日本青年館と CI&E は占領政策転換の影響を強く受けながら、反共で軌を一にして青年団の全国横断組織の準備を進め、1951（昭和26）年に日本青年団協議会（日青協）が結成された。CI&E の青少年部長、D・M・タイパーは、1951年2月の日青協佐賀臨時大会の講演で、「青年団が〔は〕凡べての市町村に存在するのであるから、皆様方は自由日本の建設、ひいては自由世界の建設に重要な役割を担当するに都合のよい戦術的地位におかれているのである」と述べた[46]。反共政策が社会教育の様々なところで影響を及ぼしていった。

　GHQ は1948年度から全都道府県に軍用16ミリ発声映写機等を貸与した。その目的は、視聴覚教育によって「日本人の国際情勢に対する啓蒙と日本の民主化をはかる」ものとされた（文部次官通達「連合軍総司令部貸与の十六粍発声映写機

---

46)　この時期の日本青年団協議会結成の動きについては、小川利夫「戦後青年団運動の系譜」宮原誠一編『青年の学習―勤労青年教育の基礎的研究』国土社、1960年、138〜154p。

及び映画の受入について」1948年10月23日)。アメリカ陸軍省所有のナショナル・カンパニー社製映写機と、ベスラー社製幻灯機 (スライド映写機) 1,269台が 1 都道府県あたり平均約27台貸与され、その操作講習会も開かれた。前者機材には「Natoco」の略称が付いており、貸与された映写機材や CI&E の映画フィルムによる映画会は「ナトコ映画」と呼ばれた。

　都道府県社会教育課には視聴覚教育係が、都道府県立図書館等にはフィルム・ライブラリーが新設された。都道府県と市町村の社会教育担当者に、指定する映画を 1 台あたり 1 カ月20日以上上映するノルマを課し、CI&E 映画教育係への映画上映実績報告を義務づける、という CI&E や地方軍政部の直轄指導・監督があり、全国で年平均延べ 1 億6,000万人が鑑賞したという。

　貸与されたフィルムは「CIE 映画」とも呼ばれたが、占領終結後は国務省管轄で米国文化情報局 United States Information Service の「USIS 映画」と改称された。映画の例として、『格子なき図書館』『みんなの学校』『会議のもち方』『子供議会』などがあり、民主主義や新教育制度の理解のための啓蒙・教育的内容だった。中には日本で製作されたものもあり、例えば『公民館』(1950年) は、優良公民館を取材しつつ公民館の意義を紹介する内容であった。

　同時に、連合国特にアメリカの生活水準の高さを紹介した映画、原子力政策推進、反共のプロパガンダ映画なども多数含まれており、冷戦下の反共をはじめとする政策宣伝の一翼をも担った。

　娯楽に飢えていた多くの地域では、「ナトコ映画」は物珍しさもあって歓迎された。電力や交通条件が悪い中、重い機材を各地に運び上映する職員の苦労は並大抵ではなかった。「ナトコ映画」のための自治体の諸事業と実施体制は、その後の視聴覚ライブラリー設置など、視聴覚教育の素地にもなった。

　1951 (昭和26) 年、社会教育法が一部改正される。社会教育主事を都道府県教育委員会に必置、市町村教育委員会には任意設置と定めた。

　社会教育主事制度は勅令によって1925 (大正14) 年からあったが、この改正によって戦後社会教育法制に新たに位置づけられることになる。社会教育主事を学校教育における指導主事と並ぶ専門職として、行政による社会教育の指導体制構築が意図されたが、国会論議などの立法過程で、社会教育主事の統制機能を排除し、専門性による自主性確立が目的とされるようになった。最終的に、

第9条の3は、「社会教育主事は、社会教育を行う者に専門的技術的な助言と指導を与える。但し、命令及び監督をしてはならない。」となった。また、大学での養成課程を基本とせず、経過的措置として社会教育主事講習を導入するなど、行政の指導体制強化も図られた[47]。

47)　長澤、前掲『現代生涯学習と社会教育の自由』148〜149p。なお本章およびコラムは、JSPS科研費 JP16K04559と、JP22K02292の助成を受けた成果の一部である。

コラム　「文化国家」の建設——映画をたどりながら

"ニッポンは文化だからね"

日本初のカラー映画（総天然色映画）は、木下惠介監督の映画『カルメン故郷に帰る』（1951年）である。

浅間山を仰ぐ群馬県北軽井沢山麓の村を飛び出して、東京でストリッパーをしている "リリィ・カルメン" ことおきん（高峰秀子）が、故郷へ錦を飾るべく村に戻ってくる。家出した娘の突然の帰郷に困惑する家族に、小学校の校長（笠智衆）は彼女が「舞踏家」で成功したと誤解したまま、温かく迎えるようすすめる。「わしは芸術家の味方だよ。芸術は擁護せにゃいかん。ニッポンは文化だからね」おきんの父にも校長は「君、ニッポンは文化だよ」と諭す。父が「すると、おきんは文化ってやつかね？」と問うと、「そうだとも、文化を担う一員だ。〔中略〕笑って迎えてやりなさい」と言う。一方で、文化に名を借りて彼女のストリップショーを「裸芸術」と宣伝し、仮設芝居小屋を作って儲ける男も登場する珍騒動の喜劇でもある。

敗戦後にとなえられたのは「平和国家」「文化国家」だ。日本国憲法は「健康で文化的な最低限度の生活を営む権利」と、第25条で唯一「文化」が使われた。憲法制定の国会審議の際、森戸辰男や鈴木義男らの提案で挿入され、生存権に新しい観点を加えたものだ（中村美帆）。教育基本法前文には「民主的で文化的な国家」がうたわれた。「文化国家」は軍国主義や戦前体制を転換する「急旋回に都合のいいキーワードとして利用され」、1950年代末までに「経済国家」へ転換していったともいわれる（吉見俊哉）。しかし敗戦後、解放・自由を謳歌し、地域で文化を真剣に希求する模索があった。

農山漁村

敗戦直後、香川県でも青年層で「やくざ踊り」が流行した（本書99p）。1946年7月11日の『四国新聞』社説は、「解放された青年たちがそのよろこびを幼稚にあらはすために仮装本能や露出性そのまゝ奔放に示す変態的な演技で得意がるといふのも一つの傾向であるが、これがきはめて原始的な気分であらはれ、かつらをつけたり白粉をぬつたり女形に変装したりして狂喜し、観る者もその姿態だけで満足げな喝采をする」現状に疑問を呈しつつ、限られた条件下の農村「素人芸能」発展のための研究会発足に賛意を示した。

小豆島では演劇活動が盛んだった。歴史的にみれば「歌舞伎の島」と知られ、農村歌舞伎の伝統がある。醤油醸造の島でもあり、上方との往来を通じた文化伝播も背景にあっただろう。鈴木健次郎、下村湖人らが訪れて公民館普及を指導し、島東部の小豆郡苗羽村や安田村（現小豆島町）が香川県内の公民館の先駆けとなった。安田公民館は安田醤油社長から建築資金100万円の寄付があり、1949年に開館した。

同年開館の苗羽公民館（本書97p）では、毎週木曜に「ドラマ研究」例会が開かれた。1950年の映画『公民館』には、苗羽公民館で芝居の稽古をする演劇研究会が紹介されている。壺井栄の小説を映画化した木下監督『二十四の瞳』（1954年）のクレジットには「応援　小豆島苗羽公民館演劇グループ」とある。公民館は地域で表現文化を模索する拠点でもあった。

1947年に作詞作曲された「公民館の歌（自由の朝）」の歌詞に、「文化の泉くみとろう」という一節がある。「文化」は欧米文化や中央の文化だけを指すわけではなかろう。

地域で文化の泉が湧き出で、地域住民がくみとれるような環境醸成には大変な困難があった。「音楽を市民のために」と、群馬県内の学校を巡回する移動音楽教室などを展開した、群馬交響楽団の草創期を描いた映画が今井正監督『ここに泉あり』（1955年）である。マネージャー（小林桂樹）は「戦後の退廃した中に、第二の国民を世界的文化国家にまで高めたいという僕らの欲求は……」と意気込むが、練習会場確保や資金不足に悩む。買い出しで超満員の鉄道やバスに楽器を持って乗車できるか、そんな苦労も描かれている。

　　都　市
　都市ではどうだろうか。八幡市（現北九州市）では復興後、八幡製鐵所をはじめとする企業が生産活動を拡充し始めていた。守田道隆市長は、「工業都市といえばゴミゴミした下品なものの集まりのように考えられているがこれは間違いだ。香り高い文化を持ってはじめて進んだ工業都市が出来る」と考え（『西日本新聞』八幡版、1952年5月9日）、青年層ほかの市民世論も背景に1951年に八幡市公民館を設置した。
　守田は、公民館へ受講受付の「先着を争つて申込みに駆けつける主婦連の姿、音楽、文学、美術学の定期講座に精一杯の期待を寄せて集つて来る青年男女の純粋な瞳——このような情景は〔中略〕大きな市長としての喜びであつた」と述べている。あるとき、社会教育法の条文に「突然湧上るような衝動を感じ〔中略〕名ばかりの分館ではない独立公民館を総合計画を樹てて建設しようと思い立」ち、中学校区ごとに地域公民館を計画的に設置した。
　木下監督『この天の虹』（1958年）をみると、八幡製鐵所の煙突から工業発展の象徴である「七色の煙」が立ち昇るさまをカラーで描くと同時に、デラックスな社員向け福利厚生施設も紹介している。こうした大企業都市での文化活動の難しさを、当時の八幡市の公民館職員が次のように述べている。八幡の「文化といつても大会社の課長、部長が東京からもつてくる文化を中心として会社に生れた様な在方を長くしていた。これらの会社が文化面において横のつながりをもつていないで、工場セクショナリズムが文化活動の一特色である。〔中略〕文化が地についていない。地域性が欠除〔如〕している」。都市でも地域に根ざした労働者の文化創造に向けて格闘していた。

　『カルメン故郷に帰る』の終幕で、「ニッポンは文化だからね」と呼号していた校長が、戦争で視力を失った元教員の田口が作曲にいそしむ姿を念頭に、「子どもたちの中から本当に立派な芸術家が生まれるように努力しましょう……あの美しい曲を作られた田口さんもこの村の人だ。ああいう人たちが後から後からと生まれたら、このニッポンはどんなに美しくなるかもしれん」と言う。「文化」とは何だろう。「文化国家」は実現しているだろうか。ここに紹介した作品をはじめ、映画や文学からも考えたい。　　　　　　　　　（田所）

参考文献　久留島武保「苗羽村公民館」『教育委員会月報』香川県教育委員会、1949年8月、『香川県教育年報』1950年度、「都市公民館に於る文化活動」『公民館月報』1954年9月、守田道隆「公民館施設の充実」『市政百話』第1集、全国市長会、1958年、『内海町史』1974年、『香川県史』第7巻　通史編　現代、1989年、『香川県教育史』通史編、2000年、吉見俊哉『現代文化論—新しい人文知とは何か』有斐閣、2018年、中村美帆『文化的に生きる権利—文化政策研究からみた憲法第二十五条の可能性』春風社、2021年。

第**2**章　平和学習と近代的・民主的主体形成

静内町公民館（北海道、旧・静内町）（写真提供・新ひだか町博物館）
1946年に北海道アイヌ協会設立総会が開催された

1946年	社団法人北海道アイヌ協会設立
1950～53年	朝鮮戦争　　1950年代　サークル活動・うたごえ運動盛んに
1950年	警察予備隊発足
1952年	琉球政府発足、琉球教育法公布
1953年	青年学級振興法制定　日本青年団協議会、共同学習を提起
1954年	原水爆禁止署名運動全国協議会結成
1954～56年	実験婦人学級（静岡県稲取町）
1955年	新生活運動協会結成
1958年	中央教育審議会答申「勤労青少年の振興方策について」　職業訓練法制定
	沖縄で教育4法立法運動（社会教育法ほか認可・公布）
1959年	社会教育法大改正

1.　平和学習を担う社会教育

　1950（昭和25）年、北朝鮮軍が38度線を越えて韓国に侵攻したことにより朝鮮戦争が始まり、1953（昭和28）年7月に休戦協定が調印されるまで続いた。休戦協定が結ばれたとはいえ、ソヴィエト・中国を中心とした東側諸国とアメリカを中心とした西側諸国との対立は深まった。そのために、1952（昭和27）年4月に日本はソ連、中国、韓国、北朝鮮、インド、ミャンマーなど以外の国、アメリカ他49カ国と講和条約を結ぶと同時に日米安保条約を結んだ。同時にこのことにより、沖縄県、奄美諸島（1953年に日本に復帰）、小笠原諸島（1967年に日本に復帰）をアメリカの、千島列島をソヴィエトの占領状態に置いたまま、1956（昭和31）年には国際連合に加盟した。

　朝鮮戦争によって日本はアメリカを中心とした国連軍の兵站基地となり、朝鮮特需にわき経済復興の契機となったが、核兵器の危険性に気づくことにもなった。この戦争に核兵器が使われることをおそれ、ノーベル化学賞受賞者のジョリオ゠キュリー（1897~1956）を委員長とする第3回平和擁護世界大会委員会総会がストックホルムで開かれ、核兵器全面禁止とそのための署名活動を呼びかけた。このアピールは開催場所からストックホルムアピールと呼ばれ、8カ月間で5億人の署名が集まったといわれる。日本では、主に青年や婦人によってこの署名活動が取り組まれ、長野県下伊那郡では4万6,000人が署名した。

　原水爆禁止運動がさらに広がったのは、第五福竜丸事件のためである。1954（昭和29）年3月、静岡県焼津港所属の漁船第五福竜丸はマーシャル諸島近海で操業中、アメリカによるビキニ環礁での水爆実験により被爆した。漁船員の久保山愛吉が被爆が原因で死亡し、南洋でとれたマグロが放射能に汚染されていたことは衝撃を与えた。魚が売れなくなり、そのため東京杉並の魚屋の組合は早急な解決を要望した。また、杉並区立公民館長の安井郁は公民館での読書会に集まっていた女性たちとともに水爆禁止署名運動杉並協議会を結成し、事務所を公民館に置いた。

　この署名運動は各地に広がり、8月には安井郁を会長とする原水爆禁止署名

運動全国協議会が結成され、12月までに集まった署名は2,000万筆を超えた。翌1955（昭和30）年9月に原水爆禁止日本協議会が結成された。この協議会は保守的な人を含めた超党派的な色彩を持っていたから、しばしば公民館に町村の原水爆禁止日本協議会の事務局が置かれ、広島の被爆者から被爆の実態を聞く学習会も始まった。

　ビキニ環礁の水爆実験1年前の1953（昭和28）年に朝鮮戦争は停戦となっていたが、その前後から米軍や自衛隊による演習地の拡大が行われた。例えば、石川県内灘基地、東京都立川基地、長野県・群馬県にまたがる浅間山演習地である。それぞれ反対運動が起こった。例えば長野県では、1953年4月に米軍は日本政府の承認のもとに、浅間山を演習地とすることを地元の軽井沢町に通告してきた。直ちに軽井沢町議会は反対を決議し、町民大会も開かれ、町民の反対の意思が表明された。この反対運動は、長野県全域に広がり、5月末には長野市婦人会館で県民代表者会議が開かれた。この会議で浅間山演習地化反対期成同盟が結成された。これには、政党、労働組合、部落解放委員会のほかに、長野県PTA連合会、長野県連合婦人会、長野県連合青年団、県公民館運営協議会という社会教育に関する団体も参加していた。地元軽井沢の青年団は、富士山演習地周辺の写真を撮り、学習会の教材とした。

　いかなる理由から反対したのだろうか。長野県連合青年団は三つの反対理由をあげていた。第一は、演習地が招く歓楽地におこる風紀上の問題、第二は、浅間山にある東大火山観測所が砲撃演習の振動で観測できないという理由、第三は、政府指定の国際親善文化都市を破壊するからであり、「平和と文化を愛する青年の立場から絶対反対」であった。青年の平和を願う気持ちは強かった。演習地問題が起こる直前の3月に長野市で、長野県連合青年団と長野県教育委員会共催による第2回郷土振興大会が開催された。このときに南信ブロックの青年団から「再軍備反対、平和憲法を守れ」、中信ブロックの青年団から「青年はいかに平和運動を推進すべきか」の議案が提出され、再軍備反対、平和憲法を守る、村に帰ったら平和の組織をつくることが決議された[1]。

　1）　詳しくは、長野県連合青年団運動史編集委員会編『長野県青年団運動史』長野県連合青年団、1985年、76〜78p、執筆は大串隆吉。

2.　青年学級振興法

　1953（昭和28）年に青年学級振興法が公布された。この法律の目的は、高等
学校非進学の勤労青年に、職業教育とともに愛国心を育成することにあった。
寺中作雄文部省社会教育局長は、1953（昭和28）年の第16回国会で青年学級で
「一つの国を愛する魂というものが自主的に発散するように」すると答弁した。
この目的は、公布直後の10月に、のちによく知られるようになった池田勇人と
アメリカのロバートソン国務次官補との秘密会談で、日本政府が「教育及び広
報によって日本に愛国心と自衛のための自発的精神が成長するような空気を助
長することに第一の責任を持つこと」を約束し、自衛隊を発足させた路線の一
環だった。

　この目的達成のために、青年学級振興法では教育の自由に制限が加えられた。
すなわち、青年学級主事は「上司の命を受けて、青年学級に関する事務をつか
さどり、学級生の指導に当る」ことになり、同じ教育専門職であるにもかかわ
らず社会教育主事の定めにはない「上司の命を受けて」を入れることにより、
青年学級主事と学級生の自主性を制限することがねらわれていた。また、禁止
される政治活動の範囲を拡大し、教育基本法が尊重した政治教育を困難にした。
社会教育法第23条は「特定の政党の利害に関する事業」と選挙の際に「特定の
候補者を支持すること」を公民館に禁止していた。青年学級振興法は、「特定
の政党」に加えて「その他の政治団体の利害に関する事業」の禁止を追加した。
『青年学級振興法詳解』よれば「その他の政治団体」とは「政治上の主義もし
くは施策を支持し、若しくはこれに反対」する団体であったから、学習の場に
おいて政治教育に必要な政治に関する意見表明を困難にするものであった。日
本青年団協議会（日青協）は、1951（昭和26）年の第1回大会で青年学級法制化
を要求したが、1952年の第2回大会では反対に転じた。青年学級の自主性の擁
護と「国家主義的官僚主義的利用」に反対したからであった[2]。

　青年学級法制化のもう一つの問題は、後期中等教育の、高等学校の代位形態

2）　日本青年団協議会編・発行『地域青年運動50年史—つながりの再生と創造　1951-2001』2001
年、23p。

として青年学級が位置付けられたことであった。文部大臣は、青年学級振興法
提案理由で、勤労青年のためには高等学校の定時制課程があるが、「勤労青年
に等しく教育の機会を与えるため」と述べた。しかし青年学級は社会教育機関
であって学校にはなりえなかったから、同じ年ごろの青年に一方は高等学校を
他方には社会教育をという中等教育の二重構造を温存させることになった。と
はいえ、中卒青年には貴重な教育機会であった。1953（昭和28）年の高校進学
率は50％以下、47％だった。進学率が60％を超えるのは1960（昭和35）年であ
る。そこで、中卒青年の教育機会として商業や家政関係の初歩的な職業教育や、
中小企業団体による従業員教育あるいは職業団体による後継者養成として青年
学級が利用された場合がある[3]。

　この時期に、農村からは中卒青年が都市の工業・商業地帯に大挙して移動す
るようになった。その象徴が集団就職だった。これは、経営団体が集団で募集
し、農村からは地域、学校ごとに一斉に応募し、就職先地域まで同じ交通機関
で集団で移動したので、集団就職と呼ばれた。沖縄県からのように船の場合も
あった。彼らを対象とした青年学級が生まれた。例えば、東京都目黒区教育委
員会と商店連合会が共催した青年学級は、その地域の商店に集団就職してきた
若者の憩い・癒しの場、初歩的な仕事の態度（標準語での電話の受け方、挨拶の仕
方など）の学習の場であった。

　しかし、青年学級は1955（昭和30）年をピークに生徒数、学級数とも減少し
ていく。これへの対応策として社会教育審議会が1957（昭和32）年に答申「青
年学級の改善方策」を出し、翌年には中央教育審議会が答申「勤労青少年教育
の振興方策について」をまとめた。これらは、青年学級を職業技術機関として
重視することにあった。しかし、財界は職業技術教育のためには、青年学級よ
りも職業高校の充実、定時制高校の職業課程を重視した。例えばそれは、日本
経済団体連合会の「新時代の要請に対応する技術教育に関する意見」（1956年）、
「科学技術教育振興に関する意見」（1957年）に表れている。一方で公共の職業

訓練が、1958（昭和33）年の職業訓練法制定により整備され始めた。その結果、職業訓練所などの職業訓練を利用した若者向けの公共職業訓練と企業内認定職業訓練が活発となった。しかも、国民は高等学校への進学を希望するようになり、1950年代後半以降高校全入運動が活発となった。それらのため、青年学級が減少するのは当然だった。そこで、職業訓練と青年学級を合体したり、青年学級を憩いの場、癒しの場、居場所にすることによって青年の生き方を考える場にする取り組みが生まれた。

3.　共同学習と生活記録

共同学習は1953（昭和28）年に日本青年団協議会が提起したもので、男子青年だけでなく女子青年の間にも広がった。その発端は青年学級振興法にあった。この法律による青年団の統制を心配した日青協は「勤労青年教育基本要綱」を発表した。これは10項目からなり、中学校卒業後の完全・平等な中等教育を要求するとともに、青年の自主的な学習を進める共同学習を打ち出した。そして、翌1954（昭和29）年には『共同学習の手引き』を発行した。これによると、共同学習は15人以下の小グループで共通の問題の発見と問題解決を軸にして共同で行う相互学習・自己学習であった。問題の発見と解決はジョン・デューイの問題解決学習を本音と建前の分裂という日本人の心性に応用したもので、本音の発見により困難を感じている問題を決め、その解決方向の示唆（仮説）とその根拠の検討、実践による検証という順を踏むことになっていた。その際の問題とは、主に村や職場、家庭での近代化、農村での生産向上に関わる問題であった。

共同学習は、『共同学習の手引き』の例示が農村文化協会長野県支部（略称長野農文協）の影響下で取り組まれた実践であったように、農村の実践を踏まえたものであった。当時日本では貧困からの脱出と近代化が人々の共通課題だった。そのために、農事研究会、4Hクラブなどの自主的な農業問題・農業技術の学習組織が作られた。また、近代化の課題は、ハエや蚊を駆除し、台所などの環境を改善することと男女平等、結婚の自由など憲法理念を生活に定着させることであった。ところで、こうした近代化は日常生活の中で特に農村で

は当然のことではなかった。それゆえ、共同学習は日常生活の中では言えない本音から問題をつかむこと、あるいは調査により隠された事実を明らかにすることを出発点とした抵抗と実践の学習であった。

　共同学習は長野県を越えて行われた。静岡県稲取町で1954（昭和29）年から３年間続いた実験婦人学級を担当した三井為友（1911〜1988）は、共同学習と名付けられたグループ学習、話し合い学習、調査学習を導入した。そこでは農漁業従事女性が多かったから、生産や消費と結びついた暮らしが主題になり、農漁業に携わる婦人にも共同学習ができることが知られるようになり、共同学習は婦人の学習に広がった。講師の話を聞くだけの「承り学習」から、参加者が主人公となる「話し合い学習」への転換だった[4]。

　そのほかに、身辺から本音を出し、自らの状況把握と課題解決の学習方法として導入されたのが、青年・大人の生活綴り方―生活記録であった。1951（昭和26）年に出版された無 着 成 恭 の指導による山形県山元村の中学校生徒の生活綴り方文集『山びこ学校』は人々に衝撃を与えた。それはどこにでも転がっている村社会の問題を社会科の学習と結びつけて書くことにより深くえぐり、集団的に解決する意欲と見通しを作り出していることにあった。当時の日本青年団協議会常任理事だった今井正敏は、『山びこ学校』の影響を受けたことを次のように述べている。「占領軍の影響から抜け出そうとして、苦悩していた反省と自覚の時期に、『山びこ学校』のすばらしさに直接の影響を受けて"本ものはこれだ"といって、"この本ものを、青年団のささえ手に"と考えて『生活記録運動』をとりあげるようになったというのが、ほんとでしょう」[5]。

　第1部第6章で触れたように、戦前にも新聞、雑誌などには身の上相談や投稿などによって「書く」ことが広く存在し、生活記録も行われていた。この経験があったから生活記録は、大人や青年の生活綴り方として広く受け入れられていき、1955（昭和30）年には日本生活記録研究会が結成された。各地の青年団、婦人会、青年学級、婦人学級などで生活記録文集がつくられた。その代表的なものは、大田堯が指導した埼玉県土合村の「ロハ台グループ」、新潟県藪

4）　大串隆吉・伊藤めぐみ「三井為友―婦人学級は婦人の解放のために」千野陽一監修『人物でつづる戦後社会教育』国土社、2015年。
5）　今井正敏「青年団の生活記録運動のあゆみ」日本生活記録研究会編『青年と生活記録』百合出版、1956年。

上村で中学校教師高橋明が指導した「村の生活記録運動」、三重県の東亜紡績泊工場の女子労働者による「母の歴史」、東京の「生活を綴る会」による「エンピツをにぎる主婦」、長野県下伊那郡の農村女性による「伊那谷につづる」などがある。「ロハ台グループ」以外は、出版されたが、手書き、あるいはガリ版刷りの生活記録が各地で作られ、その文集は膨大な数にのぼる。

　ここでは、紡績女性労働者の生活記録を取り上げる。東亜紡績泊工場の生活記録運動の指導者沢井余志郎は、『山びこ学校』との出会いを次のように書いている。「工場で働いている大部分の娘たちは、中学を出て一年、二年となった、まだオカッパ頭、長野県下伊那地方から来ている。給料をもらったらまず送金する。そんなことが頭にあり、とびらの『雪がコンコン降る、人間はその下で暮らしているのです』の詩がグッとき、中を拾い読みし、無着さんのあとがきを読んで『これはいい』と思った」[6]。沢井の協力で文学サークルが作られ、自分たちの家のことを書き合うようになる。紡績女子労働者は、農村における貧乏を和らげるために、そして結婚のために村に戻る出稼ぎ労働者として働いてきた。そして自分の家の貧しさは、恥ずかしさと劣等感のもとになっていたから、口に出すことはためらわれていた。生活記録「私の家」はそれを打ち破ったのである。「はじめに、ぜったいに口に出して言わなかった家の貧乏のことをありのままに、"私の家"という綴り方を書きあうことで、みんながどこの家も貧乏だ、貧乏は恥ずかしくないんだと知って、あまり深い話をしなかった人たちも、それいごなんでも話す、話せるようになった」[7]。

　そして、家族の中での母親の姿をとらえるために、「私のお母さん」と「母の歴史」という生活記録が書かれた。これらは、「ここで働いている女の人は、これから母になる人が大部分ですが、だれでも、よい妻に、そしてよい母になろうとして洋裁したり、和裁をしたりしているのですが、そういうことの他に私たちのお母さんの生い立ちや、生活を書くことによって、もっと日本の母としての誇りを持てる母となるために」[8]書かれたのである。そこには、農村の封建性と貧困の中で忍従してきた母を対象化して、母たちと異なった道を歩もう

　6）　沢井余志郎「あたりまえの青年労働者」生活科学調査会企画編集『講座・日本の社会教育Ⅲ』医歯薬出版、1961年。
　7）　鈴木久子「書くことで、そだってきたわたし」日本生活記録研究会編、前掲『青年と生活記録』145p。

とする意欲が示されていた。彼女たちの多くは、故郷に帰り家族を作り、「5年ごとのつどい」を持った。その歩みは、辻智子『紡績労働者の生活記録運動——1950年代サークル運動と若者たちの自己形成』（北海道大学出版会、2015年）に詳しい。

　書くことは、これらの意味にとどまるものではなかった。共同日記とか落書き帳と呼ばれた、日常生活で起こること感じたことを書くことも行われていた。これは青年団や学生サークルにも広がっていた。このグループの場合、落書き帳には職場や寮、企業内定時制高校などの体験が書かれ、書く題材が自分の生活に向けられていった。

　その中で、「女工」であることを卑下したことから人間の尊厳に気づいていく。すなわち、『女工哀史』以来の「紡績職工が人間ならば電信柱に花が咲く」という女工の自己卑下「精神の疎外状況」の克服にも取り組むことにもなった。「女工になるのがいやで、何とか学生〔定時制高校の—引用者〕にみられたかった。そんなことが、サークルにはいりみんなと一しょになっていろいろなことをやったり、話し合っていくうちに、紡績女工であっても人間に変わりがないし、働いているんだ。〔中略〕ヘンテコなんでも、働いていることがわるいことではないとわかったけれど、それより自分を恥ずかしくないものにさしたのは、組合活動でやっているという誇りが大きかった。〔中略〕"活動やっているという女工"が、恥ずかしいのではなしに、女工というこれだけの自分でも恥ずかしくない、あたりまえのことだ、働く女、大切な人間なんだ」[9]。生活記録は書くことだけではなく、信頼できる人の中で読まれ、議論されることを必須としていた。このような人々の集まりをサークルと呼んだ。

4.　サークル活動の発展と社会の仕組みの学習

　サークル活動とは、個人の自由意思で集まった比較的少人数の人々によって行われる文化・学習活動をいう。読書サークル、文学サークル、合唱サークル、

8）　東亜紡績労組泊支部「母の手紙と歴史」木下順二・鶴見和子編『母の歴史—日本の女の一生』河出書房、1954年、68p。
9）　志賀はるみ「『私の家』その後」日本生活記録研究会編、前掲『青年と生活記録』145p。

映画サークルなど目的別のサークルがあり、スポーツ、音楽、話し合いなどメンバーの要望を適宜生かす総合サークルと呼ばれるものもあった。1950年代にこのサークル活動が全盛期を迎えた。具体的には、例えば、「うたごえ」のサークル、朝日新聞の投稿欄「ひととき」から生まれた「草の実」、人生雑誌『人生手帳』『葦』の読者会である「緑の会」「葦の会」、『学習の友』を使った読書サークルなどであった。1951（昭和26）年に発足した緑の会は1956（昭和31）年には全国に800あまりのサークルを持つようになった。

　『人生手帳』の読書サークルである緑の会の場合は、いかに生きるかを求めて日常生活を基礎にした話し合い、文学や社会科学書の読書会、ときにはハイキングなどを行う総合サークルであった。そして、会員を結ぶものとして生活記録的な落書き帳や回覧ノートが使われた。その申し合わせは「生活の中から生活の中へ」であった。「生活の中から」は生活の中から考えるべき題材を明確にすることであった。その材料は話し合いの場や落書き帳などの生活記録にあったが、そのためには方言、学歴、貧しさによる劣等感と抑圧的な関係で萎縮された気持ちを一時的にでも解放し、「親しみをつくりだす」ことが必要だった。そこで、フォークダンス、うたごえ、ハイキング、合宿等が行われ、たまり場も作られた。「生活の中へ」は、そうして発見された解決の道を生活へ生かすことであった[10]。

　こうしたサークル活動は、指導者論の不足、身近第一主義、実感依存主義、学習の系統性あるいは社会科学学習の軽視と批判された。しかし、これらの批判は積極面を洗い流す危険性があった。山形県で共同学習・生活記録運動に取り組んでいた須藤克三は、お互いの人間性の尊重を根底に置いた「対話」「自己対話」の精神こそが大切であると総括していた[11]。また、宮原誠一はサーク

10)　『人生手帳』と緑の会の責任者寺島文夫はこう述べた。「ただ、できあがった文化を受け入れるだけではなく、それを受け入れることによってサークルに集まった人たちの生活に新しい文化創造の芽生えをつくるものであるといえましょう。サークルは、文化創造の力を、職業としてではなく、生活の楽しみ、もしくはたしなみとして文化を受け入れるところの許容ある人間を作ることによって、その地域社会の文化を高める原動力となり、新しい文化をつくり出すきばんとなるのであります。」緑の会編『サークル運動―その理論と運営の実際』文理書院、1956年、17p。
11)　須藤克三「社会教育における『対話』について」無名山脈の会編『明日をつくる社会教育―須藤克三先生還暦記念』みどり書房、1967年。

ルの思考方法は体験主義であるが、閉ざされた体験主義ではなく、自分たちの体験を超えた何かを学びたくなるのが必然だとテキスト学習が求められていると指摘していた[12]。

先の紡績の生活記録サークルのメンバーは、ラジオドラマ「紡績の四季」の製作に参加することにより、「紡績工場の労働の仕組みについて、科学的な勉強をしなければ、自分たちの問題も解決しない」ことに気づいていた[13]。長野県中野町（現中野市）の公民館主事千野陽一が援助した「私の大学グループ」は、身近第一主義が同じ主題の繰り返しになり深まらないことから、身近な問題を取り巻く状況を学習するために理論社発行『私の大学シリーズ』の読書会として生まれたものであった。その経験から千野は、「身辺問題＝自我の軸を常に基底に踏まえつつ、自我の軸と社会の軸という二つの軸を統一しようとする」努力が大事だと指摘した[14]。

こうした社会の仕組みの学習要求は労働者教育の分野で広く見られ、1955（昭和30）年に合同出版社から出版された『経済学教科書』が多くの人に読まれたことに表れている。日本著者販促センターによれば、1955年のベストセラー第2位になった（ちなみに、1956〈昭和31〉年のトップは石原慎太郎の『太陽の季節』）。同年6月に大阪中之島中央公会堂でこの本の普及のために行われた「働くものの大学習会」には2,000人あまりが集まったといわれる。その理由は、ナチス・ドイツを打ち破ったソ連が平和の象徴のように思われていたこと、この種の本が日本にまだなかったことによると思われる。しかし、この本はソヴィエトで作られた『経済学教科書』（ソ同盟科学院経済学研究所作成）の日本語訳（第一、第二分冊、合同出版社）であったためスターリンを「スターリンによってマルクス・レーニン主義経済学がさらに発展させられた」と高く評価していた。日本ではスターリンの実像はよく知られていなかった。1956年2月にソヴィエトでスターリン批判が始まると、この教科書の権威は失われた。これに代わるテキス

---

12)　宮原誠一「国民教育と小集団学習」（1958）同著『宮原誠一教育論集　第2巻　社会教育論』国土社、1977年、209〜211p。

13)　鶴見和子「職場・家庭をつなぐ生活記録運動」日本生活記録研究会編、前掲『青年と生活記録』76p。

14)　千野陽一「青年学習集団のひろまりとふかまり」宮原誠一編『青年の学習―勤労青年教育の基礎的研究』国土社、1960年、307p。

ト作りが労働者教育協会などで模索されていく。

5.　うたごえ運動と文化活動への着目

この時期一世を風靡したうたごえ運動について触れておこう。藤田秀雄は
1950年代を通じて、どんな村や町に行っても青年たちが集まれば、日本やロシ
アやイギリスなどの民謡、「原爆許すまじ」に代表される平和の歌などをうた
うことが当たり前になっていたと書いている[15]。都市には歌声喫茶が作られ、
職場や地域には歌をうたうサークルが作られていった。読書会や懇親会でも最
初や途中で歌がうたわれ（しばしばアコーディオンの伴奏が付いた）、集まりを活
性化させた[16]。

その中心になったのは、関鑑子（せきあきこ）（1899〜1973）が指導した中央合唱団（1948年
発足）と音楽センター（1951年創設）であった。もとは共産党系の青年組織が始
めたが、それにとらわれずに発展した。これらで学んだ合唱指導者は、『青年
歌集』を手に「みんなでうたう会」を作っていった。作曲家の芥川也寸志や林
光が新しい歌を提供し、一般参加者の作品もうたわれるようになった。歌声喫
茶の雰囲気を田辺聖子の小説『お母さん疲れたよ』（講談社、1992年）がよく伝
えている。

　　「うたごえ酒場」ではウィスキーもブランデーも焼酎も日本酒もあった
　　ように思う。たばこの煙がもうもうと立ち込める中から、歌声はわきおこ
　　りまたうねった。昭吾は会社の同僚と、梅田やミナミ界隈の縄のれんの店
　　でも飲んだが、うたごえ酒場もきらいではなかった。店で買う、小さな歌
　　詞集「灯歌集」のページをくりながら歌っていると、横の席の見知らぬ娘
　　が、その歌詞みせて、といったりする。〈あ、どうぞ〉と二人で見ながら
　　歌い、会話にきっかけがつかめる。歌声酒場は若者と娘の出会いの場でも
　　あった。〈ツーツーレロレロ〔猥褻な歌のこと—引用者〕〉とは何というちが

15)　藤田秀雄『社会教育の歴史と課題』学苑社、1979年、303p.
16)　歌声喫茶については下記の本が参考になる。丸山明日果『歌声喫茶「灯」の青春』集英社新
　　書、2002年。筆者の母親が、新宿の歌声喫茶「灯」で初期から活躍した歌い手であったことか
　　ら、母親の歩みを追い、自分を見つめた作品。当時のうたごえ喫茶の人間模様が描かれている。

いだろう。そのころの青年たちにとって、古い日本は何もかもいとわしく、古くさく思えた。

　昭吾はその娘に歌集をゆずり、自分はおぼえているから、と、声を合わせて歌った。……リンゴの花ほころび……りんごの花など、関西そだちの昭吾は見たこともなかったのであるが…。

うたごえは、下手であっても誰でもうたえ、サークルでともにうたうことで気持ちを伝え合えることに特徴があった。そして、その歌は当時の日本人の感性にあい、同時に平和、仲間づくり、仕事への希望をうたっていた。ロシア民謡がよくうたわれた理由は、ソヴィエトロシアがナチス・ドイツに勝利したこともあったが、それよりも戦後の希望をうたい、その哀愁を伴ったメロディーが当時の日本人の感性に合っていたからだと思う。そしてまた、うたごえは人々の隠されていた音楽能力に火をつけ、上條恒彦（1940〜）のような歌い手、「原爆許すまじ」「しあわせの歌」を作曲した木下航二（1925〜1999）、「心はいつも夜明けだ」「組曲：子どもを守る歌」を作曲した荒木栄（1924〜1962）のような作曲家を作り出したところにも特徴があった[17]。

6.　社会教育政策をめぐる対立

1955（昭和30）年 9 月に新生活運動協会が結成された。この団体は、経済成長のために消費生活の改善と勤労態度の形成、生活の合理化、愛国心の育成を目的とし、翌年には財団法人として認可された。協会の財源はほぼ全額国庫補助であった。発足とともに発表された「新生活運動の基礎理念並びに実践項目とその進め方」は、次の意味のことを言っていた。

　新生活運動は、個人、地域、職場すべてで行われるもので、生産、分配、消費における生活態度の刷新を目的とし、国家民族の上だけでなく世界に共通な人間の幸福と繁栄を築く運動である。そして、当面の研究課題として、家庭生

17）　木下は旧制第一高等学校卒業、都立日比谷高校教師をしながら作曲した。荒木栄は高等小学校卒業後三池炭鉱に勤めながら東京芸術大学の通信教育に学び、組合活動をしながら、「がんばろう」「組曲：地底の歌」などを作曲している。

活の合理化、婦人および青少年の地位向上、生産性の向上などと並んで、祖国
愛、人類愛の高揚、遵法精神の徹底を目的とした新しい道徳運動の展開があげ
られていた。

　新生活運動協会は、1957（昭和32）年までに全都道府県に組織が作られ、1959
年までに85％の市に、83％の町に、70％の村に作られた。そして生活改善運動
と結びつけられ、それは公民館、婦人会、青年会の重要な事業となった。また、
1960年代になると企業にも作られ、企業内教育としても取り組まれた。この場
合には、生産性を高めるために勤労意欲を向上させ、働く人の精神に働きかけ
て働くモラルを自発的に改善させる目的に利用された。そして、政府と日経連
などによって作られた日本生産性本部と結びついていた[18]。

　とはいえ、新生活運動協会は内部矛盾を持って出発した。新生活運動を国民
運動にするために、協会には国会の野党も含めた各党の代表が参加し、婦人有
権者同盟や日青協からも役員が出ていたため、政府の方針に異議が出される場
合があった。文部省の成人教育審議会委員たちは、政府の方針に危惧を表明し、
純粋の民間団体であること、全体主義的にならないことを要求した。そのため、
台所の改善、結婚式の改善などの学習が、村、家庭の民主化や女性の地位向上
運動に発展した例も生まれた。

　このように新たな社会教育関係団体が、政府の肝いりで作られたが、他方で
政府は既存の社会教育関係団体の管理を強めようとした。文部省は1953（昭和
28）年の第2回全国青年大会のときに日青協を主催団体からはずそうとした。
その理由は、日青協が政治活動をしていると見なしたからであった。文部省の
寺中作雄社会教育局長は、「政治活動とは、政府の施策に反対したり、また協
力したりする活動をおこなうことである」としばしば発言し、日青協が青年学
級法制化に反対することを政治活動と見なしていた[19]。

　PTAについては、文部省は1954（昭和29）年に新たなPTA参考規約を公表し
た。これには、PTAによる市民の権利・義務の学習、条件整備要求や自主独
立の規定というPTA発足当初の規定が削除されていた。さらに、文部省は「偏
向教育の事例」24例を国会に提出した。その中に、京都市立大将軍小学校PTA

18）　日本経営者団体連盟編・発行『ヒューマン・リレーションズ』1957年。
19）　日本青年団協議会編『日本青年団協議会二〇年史』日本青年館、1971年、142p。

の給食補助金獲得運動があった。

　こうした社会教育関係団体への統制は、1959（昭和34）年に提出された社会教育法改正に対する国会審議で問題にされた。社会教育法の主な改正点は次の通りだった。

　第一に、第13条にあった社会教育関係団体への補助金禁止を改め、補助金交付を認める。第二に、第9条を改正して社会教育主事を都道府県教育委員会だけでなく、市町村教育委員会にも必置にした。そして、社会教育主事講習を大学以外の都道府県教育委員会でも行えるようにする。第三に、文部大臣が公民館設置と運営基準を定め、その達成のため文部大臣・都道府県教育委員会が市町村への指導・助言を行えること、および公民館主事を置くことにする。第四に、社会教育委員が青少年教育関係者に助言・指導できるようにする。および社会教育施設に青年の家を加える。

　特に問題となったのは、第一点と第二点であった。第一点の補助金問題は、憲法第89条が公の支配に属しない教育の事業への補助金を禁止していたから、管理される危惧が出された。第二の社会教育主事講習の問題は、社会教育主事は広い教養と創造性が必要だから大学で養成するのが適切だと考えられてきたからで、都道府県教育委員会が行うのは統制になることをおそれたからであった。こうした危惧は、先に見た政府による社会教育関係団体の統制があったため当然であった。日本社会教育学会は危惧を表明した。

　しかしながら、青年団などの社会教育関係団体は、財政基盤が弱いため補助金支出を望んでいた。そのため、日青協は補助金が管理の道具にならない制度確立を要求した。そこで、援助するが管理しない、「サポート・バット・ノー・コントロール」が必要になった。国会での議論により、いくつかの修正が行われた。補助金支出の際には、国では社会教育審議会に諮り、自治体では社会教育委員の会議に諮ることに、社会教育主事講習は大学以外では教育機関で行えることにした。教育機関としては、国立社会教育研修所が1972（昭和47）年から始めた。

7.　社会教育をめぐる南と北

　ところで沖縄県は講和条約後もアメリカの占領下だった。沖縄県のこの時期
の社会教育史は『民衆と社会教育─戦後沖縄社会教育史』（小林文人・平良研一
編著、エイデル研究所、1988年）に詳しいので、これにより概括する。

　1952（昭和27）年4月に琉球政府が発足し、アメリカ占領軍政府─米民政府
による間接統治に移行するが、その1カ月前に米民政府によって琉球教育法が
公布された。これは、第一章に教育基本法を置き、ついで各章に文教局、中央
教育委員会（委員は任命制）、学校教育法、教育区および教育委員会（委員は公選
制）、職業学校、琉球大学などの規程を置く総合法だった。

　すでにこれ以前、琉球政府の前身だった沖縄県民政府は本土の社会教育法か
ら公民館制度を受容して公民館の普及に努力していたから、琉球政府は琉球教
育法に満足せず日本の教育法制度と同一の教育法規を実現しようとした。沖縄
教職員会を中心とする教育運動側も同一の立場であった。琉球政府は、教育基
本法、学校教育法、教育委員会法、社会教育法の教育4法立法運動を行った。
しかし、この4法案は2度にわたって米民政府によって拒否され、認可・公布
されたのは、1958（昭和33）年1月だった。拒否されたのは、4法には教育権
の独立と民族復帰の思想があったからである。沖縄が日本に返還されたのは、
1972（昭和47）年7月である。

　この1972年には、北から声が上がった。『朝日新聞』1972年2月8日の家庭
欄「ひととき」に「ウタリたちよ、手をつなごう」という投書が載った。宇梶
静江、浦川美登子の連名で書かれていた。両名は東京に住んでいた北海道出身
のアイヌ系住民だった。投書は、北海道で1961（昭和36）年にできていたウタ
リ協会を東京においても結成することを呼びかけていた。就職や結婚の際など
でしばしば差別にあってきたアイヌが、「アイヌだということで独特の差別を
されたのは何であったのかを見つめられるのなら、その差別されたことによる
苦しみの真の原因をとらえられるのではないか、それには同胞との親睦を深め
あい、共に語り合えるならば、と望みを託した」からだった。差別された体験
をとらえ直し、アイヌとしての自分を取り戻す相互教育・自己教育の場を作る

呼びかけだった。しかし、アイヌだけに閉じているわけではなかった。相互教育は開かれていた。「他でもさまざまな差別に関心をもたれ、それに取り組んでおられる多くの方々と共に考えてゆけるなら、何か糸口をつかめ、ひもといてゆけるのではないかと考えております」[20]。その後、東京都に対し東京在住アイヌ民族の実態調査を要求し実現させ、宇梶は新宿職業安定所の相談員を務めた。また、アイヌ文化の保存と継承に力を入れた2011（平成23）年には、アイヌ政策推進会議に対し、アイヌウタリ連絡会で「首都圏アイヌの要望」を提出した。

　アイヌを少数民族として日本政府が認めたのは、国際連合「市民的および政治的権利に関する国際規約（国際人権 B 規約）」についての1991（平成 3 ）年の第 3 回報告書においてであった。1997（平成 9 ）年には、「二風谷裁判」の札幌地方裁判所の判決が、憲法13条に照らしアイヌ民族が先住民族であることを認め、国際人権 B 規約に照らし少数民族として「民族固有の文化を享有する権利を保障する」ことに配慮すべきだとした[21]。1997年 5 月に公布された「アイヌ文化の振興並びにアイヌの伝統等に関する知識の普及及び啓発に関する法律」（アイヌ文化振興法）で、「アイヌの人々の民族としての誇りが尊重される社会の実現を図り、あわせて我が国の多様な文化の発展に寄与する」ことが初めて国内の法律で明らかにされた。2008（平成20）年には「アイヌ民族を先住民族とすることを求める決議」が衆議院で決議された。「先住民族の権利に関する国際連合宣言」（2007〈平成19〉年）は、先住民族の教育権を認め、積極的に推進することが課題であることを提起していた[22]。

　先住民族としてのアイヌの文化享有権、教育権をめぐってはいくつかの課題が提起されていた。アイヌ文化は自然の中で自然と共にあったことから伝統的生活空間の再生、アイヌ民族差別を反省したアイヌ民族についての正しい歴史認識、アイヌ民族固有の教育機関の設置、アイヌ語の保存・活用と学習、アイヌ文化の理解、アイヌ民族教育委員会の設置などである。アイヌ民族による自己教育運動は次の団体が担ってきた。1946（昭和21）年設立の公益社団法人北

20）　宇梶静江『大地よ！　アイヌの母神、宇梶静江自伝』藤原書店、2020年、228、229p。
21）　解説教育六法編修委員会『解説教育六法2017平成29年版』三省堂、2017年、87p。
22）　上野昌之『アイヌ民族の言語復興と歴史教育の研究─教育から考える先住民族とエンパワーメント』風間書房、2014年、222～227p。

海道アイヌ協会、1976（昭和51）年設立の少数民族懇談会、2009（平成21）年設立の世界先住民族ネットワーク AINU、アイヌウタリ連絡会である[23]。

23）　宇梶静江、前掲『大地よ！　アイヌの母神、宇梶静江自伝』、上野真之「アイヌ語学習と言語権—先住民族の言語復興の視点から」野元弘幸・清水祐二・アイヌ民族教育共同研究会編『アイヌ民族教育の課題と展望』2013年、東京都立大学野元弘幸研究室参照。

コラム　草創期の公民館——山形・庄内平野から

　草創期に設置された公民館は、1950年代中葉の「昭和の大合併」以前の小さな町村に1館を目して設置されたケースが目立つが、中にはいちばん身近な集落単位で、青年をはじめとする地域住民の力で作られた公民館も数多くある。山形県庄内平野の南西の農村を垣間見てみよう。

　山形県西田川郡上郷村は現鶴岡市中心部の西に位置した村だ。1950年の人口は4,715人。鶴岡駅から2駅目の羽前水沢駅まで羽越本線で約10分所要、車で20〜30分行くと、羽前水沢駅の南西方向に大広という部落（集落）がある。

　1945年の敗戦のあと初めて迎えた1946年の元旦のこと。当時108戸だった大広で、こんなことがあったそうだ。

　「一人の青年が小さい紙に書いた図面をそえて『こんなものを』と部落会長に『青年の語りあう場所』を建ててほしいと請願があった。部落会長快くこれを容れ、翌二日の初役員会の第一案件として取り上げたが、不思議にも殆ど全役員が賛同、これが実現を期することに内定した」。

　その後の動きは早く、「大広公民会館」が竣工した。諸文献・記録には、竣工は1946年とも47年とも記載されているが、公民館そばの石碑「公民館発祥の地」には、47年

3月25日竣工と刻まれている。いずれにせよ、1946年7月5日の文部次官通牒「公民館の設置運営について」より半年前に、一青年の願いから「公民会館」の構想が生まれたわけである。

　のちに部落公民館となり、社会教育法公布後には大広分館となった。大広分館は山形県の部落公民館の発祥とされ、現在も丁寧に手入れされた敷地と建物がある。玄関上の壁面には黒地に白字で大きく「わたしたちのねがい——　一人はみんなのためにみんなは一人のために」と掲げられている。

　同村の広浜部落（当時24戸）では、青年団長・石井善一が提唱して青年たちが協力し、地域住民総出の労力奉仕で1948年12月に広浜公民館を建設した。その活動を、のちに上郷公民館長になった石井の回想からみてみよう。

　「朝早くから黒いボロ着に泥まみれ、時代の流れもいざ知らず、ただ働きぬいているこの寒村の中央に、昨秋みんなのうるわしい相助の姿、血みどろの努力によって真赤な二階建の美しい建物が新築」された。落成時には「皆んな柱に頬ずりして、嬉し涙を流して喜び合った」という。鍵をかけずに自由に利用できるようにしたが、「硝子がない、電球がない、畳がない」状態だっ

大広公民館（当初は大広公民会館。のちに大広分館。現在、大谷部落公民館）2023年筆者撮影

広浜公民館（のち広浜分館）2023年筆者撮影

ため、各戸から本、花器、将棋、かるた、トランプに至るまで持ち寄った。

　青年たちは労力奉仕で得たお金でラジオを買い、月2回理髪日を設けた。壁には各種統計の図を掲示し、肥料・農薬の見本も展示し、精米機・藁打機等、農作業の共同利用機器も備え、「公民館畑」を休日等に住民が世話して館収入とした。

　館建設前は、各戸持ち回り会場で飲食する機会に「疲れた体を横にして、話すことは単なる世間話」だったが、館発足後は、少人数でも短時間でも集まったときに育児であれ洋裁であれ何かの学習を解散時間を決めて行い、「公民館の歌（自由の朝）」を歌って一緒に帰るようになった。また、ブランコ、シーソー、鉄棒、水遊びなどの子どもの遊び場も設置。厚生部消毒係は防疫薬剤や病菌、害虫について専門知識を習得して普及し、教養部図書係は読書推進を図った。

　しだいに広浜公民館では「夜は電燈の光りがキラキラとダイヤ硝子を照らしラジオの音、談笑する声、昼は子供のまりつき唄、館内には将棋に秘策を練る棋士、藁仕事に忙しい青年、図書より重要性を書き写す勉強家、老眼鏡越しに新聞を読む、その腹に超短波治療器を抱いている老人、増産の討論研究をする一グループ、恥ずかしいようにして片隅で洋裁の本を見ている二、三の婦人、四つ五つの子供四、五人を滑り台に乗せているお子守さん」——という情景がみられるようになったという。

　こうした「部落公民館」活動が活発化するころ、1949年に社会教育法が公布され、村全体の本館として上郷公民館が誕生し、14の部落公民館を分館にした。その中の一つである上京田分館は、1951年1月に新築落成。2023年秋に筆者が訪ねたときの地元住民のお話では、2024年には解体予定とのこと。公民館草創期から73年にわたって使われ続けてきた建物の歴史の幕を下ろすことになる。

　農村共同体の村づくりの場としての、牧歌的な"地域の茶の間"の公民館の情景ばかりではなく、住民は生活課題にも向き合った。広浜公民館建設当時は、地域で不動産取得税など課税問題を抱えており、石井は「民主主義とは名ばかり、役人のなすことは昔と変らず、これからの社会の進展にともなう課題の解決は役人に頼ってはいられない。私達自らの力でやらなければならないと、その時強く社会教育の大切なことを身にしみて感じた」という。

　2023年現在、上京田分館の玄関には月2回の各世帯への「配り物あります」と墨書きされた木札がかかり、館内には戸別の配布資料、地域の回覧資料、長寿の「鶴亀番付」、防災資料等が掲示されている。

　集落や自治会・町内会単位の集会所・公会堂は「自治公民館」と呼ばれ、全国各地にある。その歴史や21世紀の地域の交流と学びの場について考えてみるのもよいだろう。　　　　　　　　　　　　　　（田所）

上郷村公民館・上京田分館（1951年建設、現山形県鶴岡市）2023年筆者撮影

参考文献　『公民館報告書』山形県西田川郡上郷村公民館、1952年、石井善一「私たちの公民館」山形県公民館連絡協議会『われらの郷土われらの公民館』帝国書院、1963年、『田川地方社会教育二十年のあゆみ』田川地方社会教育協議会、1971年、山形県社会教育振興会編『ふるさとづくり公民館』同振興会、1976年。

第3章　高度経済成長の矛盾と自己教育運動

浅川伯教・巧 兄弟資料館・生涯学習センター（山梨県北杜市）
浅川兄弟は朝鮮の文化・工芸に魅せられて日本に紹介した（2019年大串撮影）

1960年　新日米安保条約（安保改定）　安保闘争
　　　　長野県農業近代化協議会結成　信濃生産大学発足　「国民所得倍増計画」閣議決定
1963年　三島・清水地域石油コンビナート計画反対運動　北九州市戸畑地区の公害問題学習
　　　　「社会教育をすべての市民に」（枚方テーゼ）
　　　　「中小都市における公共図書館の運営」（中小レポート）
1964年　アメリカ、ベトナム北爆（～1975年ベトナム戦争）
1965年　「公民館主事の性格と役割」（下伊那テーゼ）
　　　　P・ラングラン「生涯教育」をユネスコで提起
1966年　中央教育審議会「期待される人間像」
　　　　福岡市で子ども劇場活動開始
1967年　「信濃生産大学解散声明書」　1967年～　京都府「ろばた懇談会」
1974年　「新しい公民館像をめざして」（三多摩テーゼ）
1977年　遠山常民大学開講

1.　開発計画の出現

　社会教育法を改正した1959（昭和34）年から1960（昭和35）年にかけて、日本
は日米安保条約改定をめぐって揺れ動いた。特に1960年 5 月の国会への警官隊
導入による衆議院での強行採決後、民主主義の危機だと抗議デモが拡大した。
日青協や日本 YWCA、草の実会などの市民グループも反対運動に参加した。
新日米安保条約は自然成立したが、岸信介内閣は退陣に追い込まれ池田勇人内
閣に代わった。この日米安保条約によって、日本の国際的地位は決められた。
沖縄県と小笠原諸島は依然としてアメリカの占領下にあったし、1964（昭和39）
年にアメリカ軍が北ベトナムを攻撃して始まったベトナム戦争では、日本はア
メリカの軍事基地となった。千島列島はソヴィエトの占領下にあった。

　池田内閣は1960年12月に「国民所得倍増計画」を打ち出した。そこでは、「経
済政策の一環として、人的能力の向上を図る必要」から工業高校の増設、職業
訓練の拡充が方針とされた。そして、青年学級は技能者養成に特化した勤労青
年学校への転換が提案され、1966（昭和41）年の中央教育審議会答申は、青年
学級を改善した勤労青年学校を作ることを提案した。勤労青年学校は、青年期
教育の二重構造を変えるものではなかった。また祖国愛とそのための道徳・倫
理を強調した「期待される人間像」がまとめられた。

　他方で、地域開発のために社会教育も協力させられた。それが、総合社会教
育計画である。総合社会教育計画は、『社会教育の手引き─地方教育委員会の
手引き』で、社会教育活動が福祉活動など一般行政分野と重なるところがある
ため、教育行政の独立性を確保した上で「広範多岐な社会教育諸活動を総合調
整」するために提案されていた。この『社会教育の手引き』は、1952（昭和27）
年に地方教育委員会が全国の市町村に作られた際に出されていた。ここでは、
地方教育委員会の目的は教育の民主化、地方分権、自主性の確立にあるとし、
「教育は、人間をつくることを目的としているので、本質的に他の一般作用と
ことなるものがある」から教育行政は独立しなければならないと述べられてい
た。したがって、総合社会教育計画で教育行政の独立が必要とされたと解釈で
きた。

　富山県は富山県版の総合社会教育計画に1952年から取り組み、それに続く自治体が生まれていた。その計画は富山県総合教育計画の一部で、「単に学校教育、社会教育を相互した教育計画に止まらず、県土の開発県政の進展を背負う"人間づくり"」であり、「県総合開発計画の一環であり産業性の見地から教育全面を検討し、これを中心に教育構造を近代化する」ことにあった[1]。文部省は、都道府県の総合社会教育計画に1961（昭和36）年度から補助金を交付し始め、1962（昭和37）年度になって、社会、経済の進展にともない、国家的視野に立って地方における社会教育のいっそうの充実振興を図ることが前面に出され、経済成長のための総合開発計画に対応するものとされた。そのため、社会教育行政の独立制を前提とした総合化という発想は、開発計画という総合行政に従属するものになった。

2.　学習主体の変容

　藤岡貞彦は「昭和30年代社会教育学習理論の展開と帰結（上）」[2]で学習主体の変容を次のように指摘した。

　共同学習論が想定していた農村青年という学習主体は、一律に1950年代末にとらえることができなくなった。この時期になると農村青年は三つに分解していた。第一に農業をあきらめ賃労働者化したグループ、第二に農業近代化の意欲に支えられた商品生産農民、第三に党派的青年運動に参加する政治的青年である。したがって、第一の型については、交友とのコミュニケーション拡大の要求や労働者としての地位の不安定を、第二の型については、農業近代化の情念を、第三の型については、政治活動の基礎となる社会情勢分析への希求こそを学習の出発点に据えなければならなかったと。

　第一の型は集団就職の青年に象徴的に現れ、増加する青年労働者を主体とし

　1）　このような教育行政は、富山県総合開発計画の一環としての総合教育計画に早く現れていた。富山総合教育計画の特色は、富山県教育史編さん委員会編『富山県教育史』下巻、富山県教育委員会、1972年、および、成田政次「富山県総合開発計画における総合教育計画」『文部時報』899号、1952年7月参照。

　2）　『東京大学教育学部紀要』10巻、1968年、のち『社会教育実践と民衆意識』草土文化、1977年に収録。

た労働者教育運動に現れた。第二の型は「他人はどうあろうともおれだけは」と農業に残ろうとする「農村実力派」の台頭に見られた。そしてこの型の青年は生産大学に現れた。第三の型については、平和運動の経験をした青年の中から現れた。例えば、長野県連合青年団は浅間山演習地反対運動を経験して、1957（昭和32）年の第3回大会で「平和と民主主義運動を守る決議」を採択して「政治や経済の仕組み」を知る学習を提起し、59（昭和34）年の第5回大会では安保条約に反対し、平和と民主主義を守るための学習を呼びかけた。

　これに若干のことを付け加えておく。その第一は、1952（昭和27）年の対日平和条約・安保条約発効後、国際交流を担う若者が現れたことである。第二は女性の学習である。まず、第一の点について述べる。

　東西冷戦の中で、第二次世界大戦時に日独伊と闘うために協力していたアメリカ、イギリス、ソヴィエトなどは、アメリカを中心とする西側諸国とソヴィエトを中心とする東側諸国とに分かれその対立は深まり、当時作られた国際組織が分裂した。例えば、世界民主青年連盟（WFDY、世界民青連）は1945（昭和20）年10月にロンドンで連合国の勝利を歓迎し、世界の青年の利益と権利を実現するためにファッシズムと闘った若者たちにより作られていたが、東西の対立が深まると、アメリカ、イギリスの青年が中心となって1949（昭和24）年世界青年会議（WAY）を結成した。

　日青協は世界青年会議に中央青少年団体連絡協議会（中青連）の一団体として加盟するとともに世界民青連主催の青年学生平和友好祭にも積極的に参加した。その意図は、東西の青年の「かけ橋」になることと、原水爆禁止を訴えることにあった。1957（昭和32）年モスクワで開催された第6回青年学生平和友好祭では、長崎の被爆者永田尚子が被爆体験と原水爆実験禁止協定の締結を5万人といわれる参加者をまえに訴え、深い感銘を与えたとされている。また、国際農村青年集会に参加し、アジア・アフリカ青年会議の開催を提案し、1959（昭和34）年に開催にこぎ着けている。1960年代以降日本経済は国際競争力を高め、1973（昭和48）年から外国為替が変動相場制になると「青年の船」など日青協以外の国際交流が盛んになっていく。

　女性の学習については、藤岡が指摘した3点は女性も例外でない。がそこには男は仕事が、女性は炊事・洗濯・子育てという性別役割分担論が根強くあっ

た。しかし、女性の多くは男性より地域で人との結びつきを持っていたから、地域で起こる問題にまた子どもの教育の問題に敏感であった。そのことは、女性が子育てや公害学習の中心となる条件となった。後述する公害学習では、調査学習の中心となる主婦が生まれ、子ども劇場、親子読書・地域文庫活動で女性が活躍した。

女性の学習にとって平和学習も重要だった。1953（昭和28）年 5 月に国際民主婦人連盟（Women's International Democratic Federation）主催の世界婦人大会に参加するために第 1 回日本婦人大会が開催された。この大会には1,000人あまりが参加し軍事基地などの平和問題が討議され、コペンハーゲンでの世界婦人大会に参加する代表10名を選んだ。しかし、外務省が旅券発行をしぶったため行くことができたのは大会終了後になった。

3.　生産者・生活者の学び

農村では、本章のはじめで確認した三つに分解していたとされる農村青年のうち、「農業近代化の意欲に支えられた商品生産農民」による自己教育運動が展開した。

その先駆けは長野県内の農村青年が中心となって展開した「信濃生産大学」の実践である[3]。1960（昭和35）年 8 月に発足し、1967（昭和42）年 8 月の「信濃生産大学解散声明書」発表までの間、全12回にわたって農村青年によって取り組まれた。

長野県の農民の学習運動は、敗戦後早いうちから始まり、1948（昭和23）年には農村文化協会（農文協）長野県支部発行の『農村青年通信講座』（のちに『農村青年講座』に改称）の読者の共同学習があった。これは、封建的な生活世界を乗り越えようとする生活記録や話し合い学習であった。『農村青年講座』は1959（昭和34）年 5 月に廃刊となり、共同学習運動の行き詰まりの中で信濃生産大学が登場した。

1950年代後半以降、高度経済成長政策のもとで上から農業の近代化論がとな

3）　以下、信濃生産大学については、宮原誠一『青年期の教育』岩波新書、1966年、152〜161p、藤岡貞彦、前掲『社会教育実践と民衆意識』第 2 部第 1 章を参考にした。

えられ、1961（昭和36）年の農業基本法制定をはじめとする農業構造改革が進む中、農村青年たちが下から農業近代化に向き合う学習を組織した。信濃生産大学発足当時、長野県下では各地で経営の共同化が模索されたが、海外の過剰生産や農村への大資本進出が進む中で、ときには農業政策と対峙することになる。農業政策と自分たちが置かれている状況を読み解くためには、農村青年自身の自己教育が必要であった。信濃生産大学は、農業実践をめぐる生産学習と主権者形成の政治学習の結合を図った、系統的に学ぶ民衆大学といえる。

　この運動の基礎となる学習理論を打ち立て、「総主事」として関わったのが東京大学教授・宮原誠一である。彼は、長野県農業近代化推進協議会（農近協、1960年4月結成）の活動などで信濃の農村青年が集い学び合う様子と出会い、「生産学習と政治学習の結合」を信濃生産大学で目指した。学習主体である農村青年、美土路達雄など指導者たる農業問題研究者、その両者を自己教育のテーブルに引き合わせる社会教育専門家、会場提供や資金援助の公的保障を行う自治体行政、そして宮原らの学習理論・組織運営方法、これらの成立条件がそろうことで信濃生産大学は誕生した[4]。

　その学習組織は三重構造となっていた。これは『農村青年講座』読者会や農近協の学習活動で培われた素地をもとに、各地の読書会、郡市での交流・研究、全県規模の大会の既存システムを参考に、三層の形態が定着していく。それは、第一に、旧村など地域単位の日常的サークル学習、第二に、郡市単位の1泊2日のセミナー、そして第三に、全県単位の2泊3日の信濃生産大学である。各地での学習を基盤に、県内外各地での学習の成果や課題を持ち寄り、3月と8月の年2回、駒ケ根市菅の台（駒ヶ岳山麓）の高原荘で開催される信濃生産大学に集い学び合う形態で、学習運動の組織化が図られた。

　参加者は、こうした三重構造の線から参加する農業青年がほぼ半数を占め、ほかは一般からの参加であったという。2年4回が1期と設定されていたが、牛や蚕の世話などもあり、継続参加できたのは全体の3分の1程度だった。学

4）　藤岡貞彦氏へのインタビュー「〈地域と教育〉再建の環境権的視角を求めて」佐藤一子『戦後教育思想における「地域と教育」への問い—大田堯氏・北田耕也氏・藤岡貞彦インタビュー記録集』科学研究費基盤研究C中間報告書、2013年、56p。手打明敏「希望への社会教育」日本社会教育学会60周年記念出版部会編『希望への社会教育—3.11後社会のために』東洋館出版社、2013年、11〜12p。

習グループでカンパし、交代・順番で参加するケースもあった。参加主体について、宮原は「中農下層といったところが中心であり、しだいに若年層にかたむきながら二十一、二歳から二十五、六歳の青年が主力となっている」[5]と分析している。すでに経営を任されている者や後継ぎが混在し、おおむね1町程度の田畑を所有する20代半ばの高卒男性が中心であった[6]。

　運営委員会が設定した基本主題は、第1期（第1～4回）「共同経営の可能性」、第2期（第5～8回）「農業構造改善事業にいかに対処するか」、第3期（第9～12回）「農村における学習運動をどうすすめるか」である。農業経営共同化の機運からその可能性を探るも、しだいに生産学習と政治学習の結合を求めていき、農業基本法下の農業「近代化」政策の本質を問う、というように、学習が深まるにつれて基本となる学習課題は変化していった。農業青年の「自分の経営をなんとかしたい」という営農改善意欲、農業基本法制への不安や運動への関心、といった参加動機が、学習によって課題意識に高まっていった表れであろう。第3期では、在村通勤の青年労働者をはじめとする労農連携も目されたが、工場労働者の参加は、量的に顕在化していないこともあり、少数にとどまった。

　具体的に扱ったテーマは、農業経営・農業技術の問題から農政、政府・自治体の問題まで多岐にわたった。高い営農・生産意欲を持つ農村青年の学習要求に応えるとともに、同じ悩みを抱く仲間との連帯意識を育みつつ生産学習と政治学習の結合が図られていった。学習方法は、実践事例の報告、分散討議、全体討議、専門家による講義を組み合わせたもので、分散討議には社会教育や農業問題の関係者がチューター配置された。

　これらの取り組みで宮原が描いた主体が形成されていった。それは、「国家という名のもとであろうとも『経済成長』という名のもとであろうとも、他人さまのご都合によって働かされたり、離農させられたりするような農民であってはならない。そういう主体性のない状態をきっぱりと断ち切って、農民が自分たち自身のために、働く農民自身のために、働く者の幸福のために、なにを

　5）　宮原誠一、前掲『青年期の教育』153p。
　6）　田所祐史「信濃生産大学と農村青年の自己教育」北田耕也監修・地域文化研究会編『地域に根ざす民衆文化の創造—「常民大学」の総合的研究』藤原書店、2016年、170～171p。

すべきかということを徹底的に考え、自分自身の判断と意志にもとづいて決断し、行動する」[7]主体である。

　そして、農業問題だけでなく、高度経済成長期に現出した地域開発問題をはじめとする地域の課題に学習が進むにつれ、駒ケ根市は援助を打ち切る。信濃生産大学解散の理由は「もっぱら駒ケ根市の事情による、というほかはありません」と、「信濃生産大学解散声明書」に記されている。発足当初の市長からの支持や、行政から独立した運営委員会による企画運営、会場提供その他の経費の多くを自治体行政が持ったことは、社会教育の条件を整え環境を提供する公的保障であり、信濃生産大学成立の主要要素の一つであった。それが失われることは解散を意味したが、その精神は、学び合った青年たちによって、その後の信濃労農大学、長野県地域住民大学へと受け継がれていく。

　信濃生産大学を先駆とし、その学習の組織化の方法・形態に学んだ農村の自己教育運動が、のちに各地で展開した。士別市農民大学、別海労農学習会、庄内労農大学、北村山農民大学、岩手農民大学、宮城農民大学など、北日本を中心に農民大学運動や労農大学運動に発展し、地域づくりの主体としての力量形成を目指すことになる。

　これらは、農民が「生産者」として農村で展開した自己教育運動といえるが、のちに都市も含めた「生活者」としての学びも展開する。地域で生きていく「生活者の学び」の模索の一例として、信濃生産大学よりも時代がくだった高度経済成長終焉後の「常民大学」の実践をみてみよう[8]。

　「民俗思想史」を打ち立てた日本政治思想史の研究者後藤総一郎（1933〜2003）は、長野県下伊那郡南信濃村（現・飯田市南東部）の出身で、遠山郷の中心地で生まれた。1972（昭和47）年に後藤は故郷の村史編纂を委嘱され、1976（昭和51）年に『南信濃村史　遠山』が完成した。この本に触発されて村の歴史を学ぼうと、後藤のもとに文房具店主を中心に30〜40代の村民が集い、1977（昭和52）年に「遠山常民大学」が始まった。後藤は主宰講師として「近代日本の思想と民衆」をテーマに据え毎月第 3 日曜18時半〜21時に開催、鎌倉の自宅から遠山

　7）　宮原誠一「主権者としての農民、そのための学習を」『農近協情報』 4 号、長野県農業近代化協議会、1962年11月（『宮原誠一教育論集』第 2 巻、国土社、364p）。
　8）　以下、常民大学については、北田耕也監修・地域文化研究会編、前掲『地域に根ざす民衆文化の創造』（特に、第 3 章、杉本仁「後藤総一郎論」247〜268p）。

へ通った。

「生活者の学び」「自己認識として歴史を学ぶ」「地域にこだわる学び」が常民大学の意義で、それらを支えるものは、内発性と主体性に基く自己教育実践であること、行政等の補助金を受けず自前（身銭）主義を貫くこと、「野の学」の理念で自主運営を図ること、10年にわたる長期展望を持って継続することだとされた。

遠山に続き各地に常民大学が誕生した。1981（昭和56）年には「茅ケ崎常民学舎」（神奈川県）と「浜松常民文化懇話会」（静岡県）、「ふじみ柳田国男を学ぶ会」（埼玉県）が発足した。「飯田歴史大学」（長野県）が発足した1982（昭和57）年には、南信濃村で第1回常民大学合同研究会が開催され、常民大学相互の活動交流を始めた。さらに、1985（昭和60）年には「鎌倉・市民アカデミア柳田国男研究講座」、「長野生活者大学」、「立川柳田国男を読む会」（東京都）が発足、1987（昭和62）年には「於波良岐常民学舎」（群馬県）、「遠野常民大学」（岩手県）が、1994（平成6）年には「妻有学舎」（新潟県）が発足するなど、常民大学の運動は広がりと発展をみた。

ここでは日常生活を豊かにしたいと願う人々─常民が、その日常生活を営みつつ学習文化活動に取り組み、戦後民主主義を支える主体的自由を持った人間形成が目指されたのである。具体的には、講義を受けるだけでなく、会員がレポートを積み重ね、「自分のテーマを持って、一冊ずつ本を書く」ことが目指された。政治思想史や柳田国男研究を学び、自分たちが生活する地域の歴史・文化を掘り起こし、地域づくりを視野に学習・研究活動を進めることになる。長い年月をかけた会員たちの成果を、共著の形で本にまとめる常民大学も増えていった。信濃生産大学や常民大学は、生産者や生活者が地域で生きながら、系統的・継続的に「大学」形態をとりつつ自主的な学習活動を展開していった実践である。高度経済成長期以降、各地で人々は様々な住民大学・市民大学に取り組んでいくことになる。

4.　労働者教育と職業技術教育

日本では1960年代を通じて青年の農業従事者が減少した。20歳代前半では、

1960（昭和35）年の18.2％が1971（昭和46）年には5.7％に減少した。一方、こ
の年齢の製造業従事者は29.3％から31.7％へ、卸売り・小売業では18.7％から
24.6％へ増加した。農村から都市・工業地帯への青年の移動が進んだのである。
1969（昭和44）年 3 月時点で青年の80％以上が、東京、神奈川、埼玉、愛知、
大阪、兵庫にいた。この事情は労働者教育および公的社会教育が青年に関心を
持つことを促した。

　労働者教育協会発行の月刊雑誌『学習の友』は、1960（昭和35）年に 2 万部
増加し、労働者教育協会はその年開かれた第 1 回学習活動者全国集会を契機に
して、出版や講師派遣などのサービスセンターから、労働学校などを開設する
学習運動組織に変わった。1968（昭和43）年には各都道府県に学習組織が作ら
れ、勤労者通信大学も始められた。

　この学習組織は、1953（昭和28）年に創立されていた関西勤労者教育協会（関
西勤労協）によって先鞭がつけられた。関西勤労協は1955（昭和30）年から大阪
に関西労働学校を開校し、総合コース（科目は哲学、経済学、歴史、労働運動史、
労働法、賃金、職場闘争など）とその卒業生を中心とした専門コースを設け、さ
らに岸和田、堺などに分校を設けた。1961（昭和36）年の参加者はつごう3,000
名になった。

　東京では、東京学習会議だけでなく大田区、品川区、目黒区に学習組織が作
られ、これらが労働学校を開設した。この地域は、東京の南部工業地帯といわ
れ、大企業の工場だけでなく、中小零細企業の工場が集まっていた。1964（昭
和39）年に開設された目黒労働学校は、 1 期 3 カ月、年 2 回、週 1 回夜開催さ
れた。科目は、哲学（唯物論と観念論）、経済学（賃金と搾取）、労働組合論から
構成されていた。講義後に班に分かれ話し合いが行われ、終了後には喫茶店な
どで身の上話や体験などよもやま話が行われるとともに、生徒自治会が、レク
リエーション、忘年会などを行い、また運営について意見を出す場ともなった。

　1968（昭和43）年の第11期目黒労働学校（東京都目黒区）のプログラムは次の
通りだった。

　　入学式：私の生い立ちと学習、哲学（ 2 回）：ものの見方、考え方、社会
　のしくみととうつりかわり（ 2 回）、自治会：働く者の愛情、経済（ 2 回）：

搾取のからくり、賃金はなぜ安い？　戦争はなぜ起こる？　合理化とは？、自治会：学習のまとめ、労働運動（2回）：日本の労働者の歩み、労働組合とは何でしょう？　組合のつくりかた、活動の仕方、自治会：学習のまとめ、終了式：学習の総まとめ。

　1960年代には、企業内教育でQC（quality control）サークル、ZD（Zero Defect）運動などの小集団による自己啓発活動が盛んになった。それに対抗するために、最大の労働組合全国組織だった日本労働組合総評議会（総評）加盟の労働組合は、組合教育の系統化を試み、職場討議から教科書作り、通信教育、教育施設の建設などの取り組みが行われた。

　一方職業教育の問題が浮上してきた。総評と中立労働組合連絡会（中立労連）は、1960（昭和35）年から1962（昭和37）年にかけて3回にわたり職業教育研究集会を開催し、第2回では「まとめ」を第3回では「アピール」を出した。それらでは次の点が確認された。労働者は年齢・性別に関わりなく公共的な職業技術教育を受ける権利があり、国はこれを保障しなければならない。特に青年労働者の権利が保障されねばならない。職業技術教育の内容は、体系的で完全な基礎教育を含み、永続的な社会的技術的進歩に対応するものでなければならない。そのために、高校三原則（小学区制・男女共学制・総合制）による高校全入と定時制・通信制課程生徒の就学保障、公共職業訓練の充実、事業内養成訓練への組合の参加を提案した[9]。なぜ、この集会が持たれたのだろうか。1958（昭和33）年に公布された職業訓練法により行われた国家技能検定試験に多数の労働者が受験し職業技術教育への要求が強いことが示されたからである。当時、石炭から石油へのエネルギー転換により炭鉱労働者の職業転換訓練や、エレクトロニクスによる技術革新により新技術教育の要求が強まったからである。

　しかし、研究集会は以後持たれなかった。その理由は、社会的影響力の大きい大企業の労働組合が企業内組合であったため、職業訓練を企業内の私的な問題として扱い、公共的な課題として扱うことを避けたためである。しかし、職

9）　第2回の「まとめ」は労働調査協議会編『職業技術教育と労働者』大月書店、1962年に、第3回の「アピール」は宮原誠一・丸木政臣・伊ヶ崎暁生・藤岡貞彦編『資料日本現代教育史3』三省堂、1974年に掲載されている。

業技術教育への関心は薄れたわけではなく、1969（昭和44）年の職業能力開発
促進法に対応するかのように、1971（昭和46）年に総評・中立労連はフランス、
イタリア、ソヴィエト、東ドイツの労働組合代表を呼んで、職業訓練に関する
国際シンポジウムを開催した。そのときの「職業訓練国際シンポジウムアピー
ル」で、総評・中立労連は「全員養成訓練、生涯訓練の制度化」に取り組み、
「労働組合の企業内訓練への関与」を目指すこと、そして職業訓練が労働者の
権利であり、無償でなければならないことをうたった[10]。ここには、先の職業
教育研究集会の考えが継承されているとともに、すでに「生涯訓練の制度化」
と生涯教育の発想につながる視点が出されていたことが注目される。

5.　生きがいの浮上

　1970年代前半になると、財界や政権与党が手掛けた生きがい論ブームが起き
た。木川田一隆（1899～1997）経済同友会代表幹事は、1970（昭和45）年 4 月に
「生きがいのある充実した生活を実現しうる社会の建設」を目標とすることを、
自由民主党は、1971（昭和46）年の運動方針で「新しい生きがいの発見が課題
となっている」ことを指摘した。これらの指摘は、高度経済成長を支えたモー
レツ社員とマイホーム主義が、国民の生活目標になりにくくなったことを意味
していた。
　そして、経済同友会が1972（昭和47）年に提案した「70年代の社会緊張の問
題点とその対策試案」では、とくに青年に社会奉仕活動を通じて「生きがい」
を獲得させることが提案されていた。企業経営では『生きがいの組織論』『職
場の若者その生きがいと管理』などの本が出版され、「自己啓発」や「いきが
い」作り出すため「小集団管理」が開発された。
　生きがい論ブームは、若者が生きがいを求めていたから起こった。仕事の面
では、若者の離職者の増加、オートメーション化・コンピュータ化についてい
けない孤独感・無力感、職場と住居との往復だけの毎日、自動車に見られる消
費財の拡大に追いつかない賃金などなどの不安や不満に加え、若者に一般化し

10）　総評・中立労連「職業訓練国際シンポジウムアピール」（1971年 7 月16日）前掲『資料日本
　　現代教育史 3 』551～554p。

始めた家族・企業から自立して自己の人生を充実させたいという自己実現の要求からも生まれていた。それゆえ青年学級・青年教室でも「生きがい」を取り上げた学習・話し合いの場が生まれていた[11]。

　しかし、1970年代後半からこれらの青年教育は衰退していく。1960年代は、藤岡貞彦が述べたように学習主体の変容と新たな学習主体が登場した。それにもかかわらず、共同学習・生活記録の手法・観点が依然として継承された。それは、「生い立ち学習」「生活史学習」と呼ばれ、愛知県名古屋市の名古屋サークル協議会（名サ連）や日本青年団協議会によって取り組まれた。1961（昭和36）年にスタートした名サ連[12]は、サークル間の交流を図るとともに、市から委託された勤労青年学級で「青年一人一人のものの見方、考え方など人生論に関わるところから問題を解き起こす」ことを試みる生い立ち学習を試みた。生い立ち学習は、次のやり方をとった。成員各人の生活史（生い立ち）を書くことを軸に、家族の生活史に広げながら、社会の中に自分を位置づけ、人生観を作っていくことであった。この中で、勤労青年の劣等感や、孤独感を社会的に、つまり仲間集団の中で克服していく姿を描いた。そのため、たまり場学習、自己紹介学習とも呼ばれた[13]。

　この学習方法は青年団では、減りゆく青年団を立て直し、活性化させるための学習として期待され、導入された。しかし、それは参加した青年には活動と自分を見つける機会になったが、1990年代に入ると継続されなくなり、青年団の建て直しには反映されなかった[14]。また、名サ連の活動も1990年代には大きな後退を余儀なくされた[15]。

　「生い立ち学習」といわなくても、自分を語りながら、生き方を考えることは行われていた。すでに目黒労働学校で述べたように、青年は講義の後の喫茶

---

11)　例えば、青木紘一「青年学級の現実と可能性─くにたちの実践から」『月刊社会教育』1970年4月号。

12)　名サ連の歴史は、「社会教育団体の民主化と再編」千野陽一・野呂隆・酒匂一雄編著『現代社会教育実践講座・第3巻─現代社会教育実践の創造』民衆社、1974年参照。

13)　那須野隆一『青年団論』日本青年団協議会、1976年。

14)　日本青年団協議会編・発行『地域青年運動50年史─つながりの再生と創造』2001年、127p。名サ連の学習は日本福祉大学の那須野隆一と名城大学の真野典夫の存在が欠かせないが、それに代わる青年の指導者を作り出せなかったという問題がある。

15)　姉崎洋一「青年運動と学習活動」地域青年運動構築21世紀委員会編『指針、地域青年運動の活性化と青年教育にかんする政策提言』日本青年団協議会、2005年、130p。

店のようなたまり場で、人生相談的に生い立ちや現実の不満・不安を語り合っ
て自分を問い直し、その解決の道と将来を労働学校の学習やそこでできた友—
仲間から得ていたのである。そして、労働組合に入り職場の改善に取り組んで
いった。したがって、自我の軸と社会の軸を統一する学習は、生活・労働条件
の改革活動とつながっていたのである。

　他方で、地域の青年団はその影響力を弱めた。その理由は、高等学校進学率
が90％、大学進学率が30％を超える中で、学校が若者の主にいる場所となった
からである。そのため、1970（昭和45）年前後に彼らの居場所であった大学や、
高校を改革しようとする学生、高校生による政治的運動、いわゆる「大学紛争」
「高校紛争」と呼ばれた運動が起こった。また、地域から都市へあるいは職場
に移住してくる若者を想定した青年教育は、彼らの次の世代が、すなわち都市
生まれの若者が中心になることによって、対応できなくなった。また、地域で
は文庫や青年会館の運営が青年団から、公の図書館や公民館に代わられたため、
青年の地域での出番が少なくなり、青年の地域への関わりが減っていった[16]こ
ともあるであろう。

6.　公害問題の学習

　高度経済成長の結果、テレビは全世帯の95％が購入して消費財は豊かになり、
マスコミュニケーションも拡大した。公害は健康破壊、自然破壊を引き起こし
たため、人々の公害への関心は強くなり、1964（昭和39）年に出版された岩波
新書、庄司光・宮本憲一編『恐るべき公害』はベストセラーになった。公害問
題の中で調査を軸とした住民の学習運動が生まれた。その例として静岡県三
島・沼津石油コンビナートに関係する住民の公害学習が紹介されてきた[17]。注
目された理由は、後述するように、地域住民による調査学習は、専門家から助
言を受けたからこそ科学的になったのだが、調査を担い調査結果を分析して、
いわば素人である住民自身が科学的な学習の能力を身につけていく学習として

16）　多仁照廣『青年の世紀』同成社、2003年、201p.
17）　藤田秀雄はこの公害問題の学習を著書『社会教育の歴史と課題』学苑社、1979年で取り上げ
　　ていて、筆者（大串）の叙述と重なる部分がある。

歴史上新しい試みだったからである。北九州地域と東京都目黒区の場合は、住民が担い手となった公害調査を自治体社会教育が公的に保障したところに特色がある。

住民、生産者、高校生による公害学習

　静岡県沼津、三島、清水地域の石油コンビナート計画が住民から問題にされた。この計画は、製油所、石油化学工場、火力発電所建設計画として1963（昭和38）年に静岡県により発表された。対象となった沼津地域の下香貫連合自治会は1月から公害研究会を始め、牛臥地区自治会は当時悪名高い公害地域であった四日市に調査に行き、この調査をもとにして学習会が始まった。2月の下香貫連合自治会の公害研究会は300名が集まって沼津工業高校で開かれ、沼津工業高校の教師、静岡大学の専門家から石油コンビナート、気象学、亜硫酸ガス問題などの講義を受けた。その後18の自治会で水産学習会が持たれた。また、水産加工業者も千葉県市原、四日市に調査団を出し、漁業協同組合でも四日市と三重県から漁協関係者を招き学習した結果それぞれ反対組織を結成した。そして、沼津市民協議会が上記の団体、PTA連絡協議会、青年団、高等学校教職員組合などによって結成された。三島地域では1963（昭和38）年12月に石油コンビナート誘致反対・二市一町早期合併反対三島市民懇談会が発足し、三島市長は地元にあった国立遺伝学研究所の研究員2名と沼津工業高校の教師4名に調査（松村調査団といわれた）を依頼した。

　一方で、通産省と厚生省が委嘱した調査団（黒川調査団）が7月に報告書を発表した。地元住民は、その報告書を自分たちの調査と学習をもとに徹底的に読むことから始め、三島市長が委嘱した松村調査団員と住民代表は東京で黒川調査団に質問し逆転層の調査をしていないことが明らかになった。松村調査団の報告書は、気象、大気汚染物質、農作物などの影響を総合的に検討していたが、短期間の調査であるために、1年間の気象の変化などを報告できないとしていた。そのため、沼津工業高校の教師や地元の医者により手弁当で調査が継続された。沼津医師会は公害対策委員会を作った。

　沼津工業高校では、気象学が専門の西岡昭夫教諭の依頼に応え、約300名の生徒が5月の端午の節句の時期に「鯉のぼり」を使って気流調査を行い、五万

分の一の地図上に詳細な気流図が作られ、火力発電所の排煙による大気汚染はないという政府・県の宣伝をくつがえした。また、生徒たちは汚染された排水の影響を調べるために牛乳瓶を駿河湾に流し潮の流れを調べている。香貫山の天文台や三島測候所の記録から逆転層の存在が確認された[18]。

　以上のような調査の結果は学習会の資料となり、西岡氏をはじめとする気象学、石油、水資源、燃料に詳しい教師4人が、1964（昭和39）年の2月から9月にかけて5、6人の集まりから数十人の集まりまで数百回の学習会に参加し、資料の解説を行ったという。その際西岡氏は次の点を心がけたという。講師と聴衆は同じ住民で、納得ゆくまで話し合うために壇の上に立たず、同一平面で話す。身近な住民の経験を例にして、毎回違った表現を使って、同じ理論を2回でも3回でも話をする。何か一つでも感銘あるいは衝撃を受けて帰ってもらうようにすれば、それを他人にしゃべらずにはいられないから、伝播して行く。聴覚だけでなく視覚にも訴える。人間の緊張できる時間は1時間以内だから、1人が長時間しゃべらない[19]。これは、現在にもあてはまる指摘である。

　結局コンビナート計画は挫折した。宮本憲一は、学習こそが住民運動の「極意」だと次のように述べた。「住民には金も権力もない。あるのは頭と手と足である。しかし、三人よれば文殊の知恵であった、自主調査や自己学習をかさねれば、大企業や政府の論理より深い洞察が可能になる。また、住民の意識が、こわい、恐ろしいという感性的な認識から科学的な理論による理性的な認識へ高まり、運動が一揆的でなく持続的となるであろう。この社会教育こそ住民運動の『極意』である」[20]。

北九州市の例

　北九州市の社会教育主事補であった林えいだい（栄大、1933〜2017）は1963（昭和38）年から6年間三六地域の婦人学級で公害学習に取り組んだ。戸畑地区、特に三六地域は八幡製鉄所工場と国鉄の線路を挟んだ所で、公害を最も受けや

18)　高校生の調査活動は、宮原誠一が『青年期の教育』岩波新書、1966年で、ここでは触れていない沼津東高校郷土研究部生徒の報告書『沼津・三島地区石油コンビナート進出計画をめぐって』も紹介しながら簡潔に詳しく描いている。
19)　宮本憲一編『沼津住民運動の歩み』日本放送出版協会、1979年。
20)　同上、291p。

すい地域であった。そこで、林は自ら公害問題を勉強し、婦人学級準備会で問題を提起した。会社に気兼ねして話さなかった婦人たちから家族にぜん息患者がいる話などが出て、この問題をテーマにすることになった。

　学習するにあたって、公害問題は女性たちの夫の務める会社と利害関係があるので、講師は使わず（目立つから）自分たちで計画を立て調査し、整理し、検討し、みんなが講師となり学級生となって公害学習を進めた。必要なときは専門家に協力してもらった。煤塵調査のため、布きれを軒下に下げて距離別に汚染を調べ、九州工業大学の研究室で分析してもらった。住民対象にアンケート調査も行い疫学調査も行った。学校を出てから10数年たっていた女性たちは、大気汚染や病欠率、死亡率の計算に頭を痛め、初めて使用する計算機や平方根を用いて対数グラフに書き込む作業を根気よく続けた。しかし、途中で会社からの圧力が原因で参加者が急に減った。「企業を選ぶか、家族の健康を選ぶか事態は予想以上に深刻」だったが、林の職をかけた話し合いの中で戻ってくるようになった。公害問題は戸畑地区婦人会協議会の取り組みとなり除塵装置の設置にこぎ着けたが、林は配転させられ、1970年に辞表を出すことになった[21]。

東京都目黒区の例

　東京目黒区教育員会開催の主婦大学で公害講座が1971（昭和46）年から開かれていた。1年目は講義中心だったか、2年目から「川崎から公害をなくす会」会長で法政二高教師宮崎一郎の援助で目黒区の亜硫酸ガス濃度を調べることにした。そのやり方は、無数に小さい穴をあけたカンカラに短冊形に切ったアルカリ濾紙を洗濯ばさみで挟んで入れ、自分の家の軒先に雨風の日以外1カ月間つるした。それを回収して法政二高で分析した結果、公害がないと思われていた目黒区で川崎市の公害地区に匹敵するほど空気が汚染されている地区があることが発見された。3年目は、自分たちで大気汚染の分析実験ができるように

21）　林えいだい「婦人団体の公害学習と運動」『月刊社会教育』1968年11月号、のち戦後社会教育実践史刊行委員会編『戦後社会教育実践史・第3巻―開発政策に抗する社会教育』民衆社、1974年所収。同「公害砂漠北九州のたたかい」『月刊社会教育』1970年8月号、小林文人・猪山勝利編『社会教育の展開と地域創造―九州からの提言』東洋館出版社、1996年、211～214p参照。退職後はルポルタージュの手法で多数の作品を残した。太平洋戦争中の朝鮮人兵士、台湾高砂義勇隊、風船爆弾工場の女子生徒、朝鮮人強制連行、陸軍特攻隊振武寮などに関する著作がある。

分析実験方法を身につける講座—セミナーを始め、大気汚染だけでなく食品公害、水質検査の調査・分析実験を、宮崎一郎が講師になり実験器具は法政二高からそのたびに運んできて使った。この取り組みで女性たちによって明らかにされた大気汚染調査の結果は、1975（昭和50）年に公害病認定の指定地域となる一要因となった[22]。

　高校教師の宮崎一郎は、社会教育の場で「科学を一部特権者の独占物にするのではなく、もっと広範な大衆の共有財産として役立てていく努力」をしていたのである[23]。そのために、一般の人が参加できる調査方法の発見・開発があった。同時に、調査学習の意味はそれだけではなかった。住民の自己教育運動として生まれていた公害学習の方法—調査学習を、社会教育行政の活動が取り上げ、調査学習は住民と行政を結びつけたのである。それをコーディネートしたのは社会教育専門職員だった。

7.　子どもの社会教育および社会同和教育

　1960年代から70年代は子どもについての自己教育運動が盛んになった。このころ、家庭の姿は変わりつつあった。すべてのものが商品化される中で、また進学競争が激しくなる中で親と子どもの協働活動が姿を消していき、家庭外からのテレビが家庭の団らんに入ってきた。1960年代は刺激的・軍国主義的な物語や漫画がテレビに登場した。アメリカ軍のヒーローを主人公にした「コンバット」がテレビで高視聴率をあげ、漫画では辻なおきの『0戦はやと』、ちばてつやの『紫電改のタカ』が子どもたちを熱中させ、兵器の精密な詳解が少年雑誌に掲載され「戦争知らない子どもたちにかっこいい部分だけが強調されてつたえられていた」[24]。

　これらを不安に思った親たちは、子どもの文化・学習の機会を自前で作り出

22)　重田統子「公害学習と社会教育行政の任務」「月刊社会教育」実践史刊行委員会『七〇年代社会教育実践史Ⅰ　地域に根ざす社会教育実践』国土社、1980年所収。重田統子は当時目黒区の社会教育主事でこの公害学習も担当していた。その立場から目黒区の公害学習の経過を千野ほか編著、前掲『現代社会教育実践講座　第3巻』にも書いている。
23)　宮崎一郎「社会教育実践としての二酸化窒素簡易測定運動」『月刊社会教育』1978年10月号。
24)　西村繁男『さらば、わが青春の『少年ジャンプ』』幻冬舎、1997年。

す活動を始めた。1970（昭和45）年に発足した親子読書地域文庫全国連絡会や1966（昭和41）年に九州の福岡で始まった子ども劇場（1973年に全国子ども劇場・おやこ劇場連絡会になる）、同じころ埼玉県大宮から始まった親子映画運動、地域子ども会の活動があった。親子読書は、地域に手作りの子ども文庫をつくり、読み聞かせの会をして、図書館建設運動に発展した。例えば、神奈川県横浜市では1960年代の終わりころから親たちが作った文庫活動とPTAのつながりの中から身近に公立図書館を作る運動が起こった[25]。また、子ども劇場の鑑賞例会は、ただ鑑賞するのではなく準備の段階から出演者との検討・交流を通じて創造活動にも関わった。発足時192人だった会員は、1972（昭和47）年に約7,500人に増え、発足から20年後には485万人になった[26]。

　子どもの組織は、戦前からボーイスカウトが作られ1967（昭和42）年には13万人ほどが加入していた。町内会が作った子ども会は同年に約700万人いたが、ボーイスカウトの保守的な性格、子ども会の散発的な活動に疑問を持つ人もいた。これらとは別の自主的な子ども会活動は、早くから被差別部落の解放運動の中で、また学生セツルメントによって行われていた。戦前の東京帝大セツルメントを受け継いで東京大学の学生がセツルメントを作ったのが1950（昭和25）年でその後他大学にも広がった。セツルメントの学生はエリート意識があるなどと批判されながらも、主に低所得層の住む地域で、粘り強く子ども会活動を行った。それは子どもたちのキャンプや遊びなどを通じて子どもの創造性と民主的な人間関係を作り出そうとした。

　そうした子ども会の必要性を「どぶ川学級」が示した。「どぶ川学級」とは東京・葛西地域の中小工場に組織された全国金属労働組合が争議中に組合員と地域の子どもたちのために、大学在学中の組合員が中心になって子どもたちの学力補習と生活建て直しのために作った子ども組織である。子どもたちの様子は、学校からの落ちこぼれと子ども世界に浸透する消費生活の影響で物を持つことに魅了され小銭を得ることに走っていた。そこで、学力をつけ、正当な権

25）　横浜市に図書館をつくる住民運動連絡会編『真理を私たちに─横浜市民の図書館づくり』西田書店、1983年。

26）　佐々木敦子「新しい子どもの文化の創造をめざして─福岡子ども劇場運動」「月刊社会教育」実践史刊行委員会編、前掲『七〇年代社会教育実践史Ⅰ』、高比良正司『夢中を生きる─子ども劇場と歩んで28年』第一書林、1994年。

利を集団の中で主張できるようにし、同時に働いている親たちとの心のつなが
りを作ることを目指した[27]。全国的に見ると、1972（昭和47）年に少年少女組
織を育てる全国センターが発足している。

　同和教育では、部落解放全国委員会（1946年結成）が1955（昭和30）年に部落
解放同盟になる中で子ども会が作られるようになった。公教育の面では1953（昭
和28）年に全国同和教育研究協議会が半官半民団体として結成され、全国同和
教育研究大会が開催されるようになった。1958（昭和33）年7月には京都で「社
会教育における第一回全国同和教育研究大会」が開催され1,300名あまりが参
加したが、学校教育が中心で社会教育における同和教育—社会同和教育の独自
性は明らかにならなかった[28]。

　社会同和教育は1960年代になって本格的に進み始める。1964（昭和39）年に
福岡県行橋市「みやこ同和教育研究会」が解放会館で識字学校を始め、1967（昭
和42）年に西宮市の芦原公民館で芦原同和教育講座が開始された。これは、学
習内容は参加者が運営委員会を作り自主的に決め、参加者の問題提起から取り
上げられた事例報告とそれをもとにした教材を使って討議して差別の現実から
学ぶことを追求した。これは行政主導の啓蒙的な活動と異なっていたため芦原
方式と呼ばれて注目された。しかし、地元有力者からの反対にあい教育委員会
はこの講座を一方的に打ち切ったため、参加者は自主講座として続けた[29]。

　1960年代半ばから部落解放同盟内の意見対立が目立ち始め、1970（昭和45）
年に解放同盟中央本部とは異なる意見を持ち排除された人々により、解放同盟
正常化全国連絡会議が結成された（1976〈昭和51〉年に全国部落解放連合会になる）。
この意見対立は同和教育に影響を及ぼした。しかしその中でも、例えば長野県
連合青年団では、1950年代後半に出された被差別部落青年の訴えを引き継ぎ、
仲間の結婚への援助とその経験を取り上げた創作演劇を皮切りに同和教育に取
り組んでいた[30]。

27)　須長茂夫『どぶ川学級』1969年、『続・どぶ川学級』1973年、『どぶ川学級完結編』1975年、
　　いずれも労働旬報社。
28)　部落問題研究所編・発行『戦後同和教育の研究』1979年、141〜142p。この部分を執筆した
　　東上高志は「学校教育はもとよりのこと、解放運動やマス・コミの活躍にくらべて、公教育に
　　おける社会同和教育のたちおくれは、その出発点からしていちじるしく遅かった」と指摘して
　　いる。
29)　福島宏「差別の現実に学ぶ芦原同和教育講座」前掲『戦後社会教育実践史　第3巻』。

8.　自治体社会教育の充実のために

　1960年代に特徴的な自己教育運動を見てきたが、この時期自治体社会教育の中から自己教育活動で示された学習の課題を公的に保障しようとする機運が生まれてきた。1963（昭和38）年に「社会教育をすべての市民に—枚方市における社会教育の今後のあり方」が、大阪府枚方市の社会教育委員の答申としてまとめられた。これは枚方市だけでなく一般に通用するとして注目され「枚方テーゼ」と呼ばれた。特にその「第一章社会教育とは何か」が注目された。そこでは次のように言われていた。「一、社会教育の主体は市民である。二、社会教育は国民の権利である。三、社会教育の本質は憲法学習である。四、社会教育は住民自治のちからとなるものである。五、社会教育は大衆運動の教育的側面である。六、社会教育は民主主義を育て、培い、守るものである。」

　この枚方テーゼで言われていることを、先に見た子どもの社会教育などの学習活動と重ね合わせると、これが注目された理由がわかる。直接には、大阪の郊外の新興住宅・団地地域に起こった保育所設置、婦人会館建設運動等の市民運動が念頭に置かれていて[31]、市民運動が学習を必要とし住民自治の担い手となる学習課題を持ったことを確認し、その基本となる憲法の学習と教育の権利を結びつけたのである。しかし、社会教育職員論と施設論を欠いていたため、公教育としての社会教育を改善する理論が不明確であった。

　1965（昭和40）年に長野県飯田・下伊那主事会が発表した「公民館主事の性格と役割」（下伊那テーゼ）は職員論であった。これは、人間らしく生きる力を身につけていくことが「民主的な社会教育」の基礎とした上で、公民館主事は「教育の専門職」であるとともに「自治体労働者」であると規定した。「教育の専門職」の課題は、権力支配を排除し「系統的・科学的な教育・学習の組織と内容」を準備することである。その役割を持った「自治体労働者」は権力の住民支配の末端にいながら、住民自治の確立に貢献するという矛盾を持った労働

---

30)　吉川徹・高井一郎「部落差別に取り組む青年団活動」長野県青年団運動史編集委員会編『長野県青年団運動史』長野県連合青年団、1985年。

31)　井上隆成「大阪府枚方市の住民運動と社会教育」前掲『戦後社会教育実践史　第3巻』。

者であるから、公民館主事の役割は「働く国民大衆の運動から学んで学習内容を編成する仕事」「社会教育行政の民主化を住民とともにかちとっていく仕事」であると提案した。しかし、この翌年1966（昭和41）年1月に、まさにこの地域下伊那郡喬木村で、社会教育主事2名が学校図書館雑務係に配転された。そのうちの1人である島田修一は公平委員会に提訴した。村民の配転反対運動や全国の社会教育関係者の働きかけもあり1969（昭和44）年に専門職の地位が認められ、現職に復帰できた。学芸員補として勤務していた職員新井徹が、公民館に配転されたことを撤回するよう求め、和解となった事例が、千葉県船橋市で1978（昭和53）年に起こった。

　「枚方テーゼ」や「公民館主事の性格と役割」の提案に対し、三多摩社会教育懇談会は欠点として「公民館施設論」がないことをあげた[32]。三多摩社会教育懇談会は同じ年に「公民館三階建論」を提案していた。それは、一階では体育・レクリエーションまたは社交を主とした諸活動が、二階ではグループやサークルの集団学習、文化活動が、三階では社会科学や自然科学の基礎講座などが行われるという構想だった。これは1974（昭和49）年に東京都教育庁「新しい公民館像をめざして」（三多摩テーゼ）に発展させられた。また、全国公民館連合会は1967（昭和42）年に「公民館のあるべき姿と今日的指標」を出し、公民館はその規定に「人間尊重精神」を持ち、「国民の生涯教育の態勢を確立する」ことと「住民の自治能力の向上」を目的にすることを明らかにしていた。

　図書館について見ると、日本図書館協会が「中小都市における公共図書館の運営」を1963（昭和38）年に出し、中小都市の公立図書館こそが学習権を保障する中核であることを主張した。それはさらに1970年の『市民の図書館』に発展させられた。博物館についても、1970年代に市民による博物館作り運動が起こり、市民参加による「第三世代の博物館」が構想された[33]。これらの提言の基礎には、後述する国民の学習権についての認識の発展があったと考えられる。

　32）　東京都三多摩社会教育懇談会「運動と学習と施設」日本社会教育学会・小川利夫編『現代公民館論―日本の社会教育　第九集』東洋館出版社、1965年、199p。
　33）　第三世代の博物館については、伊藤寿朗『市民のなかの博物館』吉川弘文館、1993年。

コラム　感染症と社会教育

インフルエンザ、コロナという感染症に注目が集まっている。しかし、感染症といえば結核が古くからあり、1960年代に結核菌に対する薬が出回るまで、不治の病で死ぬものと恐れられ、小説や詩でも結核で死にゆく人がたびたび取り上げられた（例えば、壺井栄の『二十四の瞳』〈1952年〉や堀辰雄の『風立ちぬ』〈1936-38年〉、石川啄木『悲しき玩具』〈歌集、1912年〉）。

結核という感染症

2022年に新たに結核となった患者は1万235人で（厚生労働省）一時より減少しているとはいえ、無視できない数である上、これからまた増加するかもしれない。結核は、ペストと並んで死の確率が高い感染症であった。新型コロナウイルス感染症（COVID-19）にみられるように感染症は国境を越えて世界に広がる。その恐怖を世界に広く知らせたのはペストであった。それゆえ感染症に対する警戒感は強く、社会教育でも感染拡大を防ぐために公民館などの閉鎖が行われた。

公民館閉鎖という防衛的な面にとどまる対策には結核が参考にされる。なぜなら、両者は指定感染症という共通性を持ち、結核対策・治療はコロナ感染症よりはるかに長い歴史を持っている。青木正和『結核対策史』によれば、第二次大戦直後の日本では家族、親戚、友人に1人、2人の結核患者がいた。結核患者になると家族から引き離される。すなわち隔離される。隔離されないで自宅療養をしていた石川啄木の家族は全員感染し、全滅した。結核は、マラリア、エイズ、エボラ、コロナ、薬剤耐性菌とともに「史上最悪の感染症」と言われる。こうなる恐れはコロナ感染にもあるので、自宅療養は考え物である。

私は高校卒業後大学入学のために、いわゆる浪人をしていたときに、結核と診断された。結核は死をもたらす病として恐れられていた。有名な作家、詩人、例えば石川啄木、正岡子規、堀辰雄、立原道造、樋口一葉などが結核という病を題材にしたことは結核患者のはかなさを広く知らせた（童謡「赤い靴」の「赤い靴をはいていた女の子」だった岩崎きみは結核により9歳で死んでいる）。そして、壺井栄は『二十四の瞳』で家族から引き離され、蔵の中で死んでゆく教え子をひとりでみとる女教師を描いている。コロナ感染でも、死者をみとれないことが報道された。

すでに現在では結核は、人の口端に乗るような病気ではなくなった。たしかに、日本では世界で最も早いスピードで結核を減らしてきた。しかし、2019年の患者数は1万5,590人、死亡者2,088人であるから、それがなくなったわけではない。

隔離そして自己卑下

結核になると隔離された。私は大学受験の浪人中にこの病になった。入学手続き後、約1年間、神奈川の結核専門病院に入院した。その病院—療養所は、東京湾を見渡せる丘の上にあった。一般的に結核療養所は、人里離れ、日のよく当たるところに作られていた。その場所としては、長野県軽井沢の療養所が、堀辰雄や立原道造などによってよく知られていた。彼らの作品はロマンを感じさせるものだったが、療養所の生活はそんなものではなかった。結核は死と隣り合わせであるもので、病棟に遺骸の置き場もあった。このころにはストレプトマイシンが使われ、結核は治る病気になったから、隔離は別離ではなくなっていた。

一般社会から隔離されていたが、療養所は生活者としてのにおいにあふれていた。失業、離婚、恋、高齢化。その隔離がひと

りではない（寝たきりのときはひとりだった）ことも幸運だった。なぜなら気持ちが通ずる人がいて、看護婦さんも親身だったから。とはいえ、寮生活はつらいものであった。救いは療養所内では結核であることによって奇異な目で、また遠ざけられることがなかったことである。同病相哀れむという感じだった。

　ここでさらに言いたいことは、療養所での生活ではなくて、結核による自己卑下とその克服の問題である。まず、受験のためには自宅から通わなければならなかったので、はじめは自宅療養をしていた。自宅療養のときには、8畳の客間が病室で、ふすまを締め切り、食事のときは、ふすまの外に食事を置いてもらい、それを部屋に持ち込んで食べ、食べ終わると外に出し、ふすまを閉めた。コロナ患者の自宅療養者も同じことをしたようだ。こうした人を頼り、へたすれば感染させてしまう生活は、当人だけではなく、家族に緊張をもたらした。その緊張を解くためにも入院しなければならなかった。

　この生活は、結核にかかるような自分を責め、自分を卑下することに導いた。その自己卑下とは、結核患者になるのは生活がふしだらだからという世間の目を自分に取り込んだことを意味していた。結核患者に対する差別意識を自分に取り込んだことなる。そして、それは他者と距離を置くことになった。

　そのとき1964年は東京オリンピックが行われ、女子バレーの活躍や円谷のマラソン銅メダルで、世間は沸き立っていたが、安静を指示され、興奮はよくないといわれていた私にはそれは下界の話だった。取り残されたという感覚が残ったのである。この感覚は自己卑下感とともに、退院してから社会的弱者に目を向けるようになり、学生セツルメント活動に参加することになるのだが、その後も感ずるときがあった。したがって、一般世間に戻ってから、相互の人

間性や人生観―政治的信条より広い―がわかりあえるという意味での対話が成立するのは、自己卑下感を感じさせない、限定された場であった。

　療養生活の隔離はひとりぼっちになることではなく、療養生活への包摂を伴った集団的なもので、療養生活があることによって社会的に居場所が与えられ、社会に包摂されたのである。だから、包摂とは社会で居場所を与えられることにより行われるのではなかろうか。居場所が社会にあるいは法（結核予防法）によって認められることで包摂される。それは自己卑下感を持ちながら進んだ。自己卑下を表さない人と対話ができるようになったのは、結核になった社会的要因を自分なりにみつけたからである。原因を受験競争すなわち、敵対的能力競争に求めた。それに私の体は耐えられなかったわけで、それに気づいたのは大学で教育学を勉強してからで、教育上の弱者を援助する活動に関心を持った。それは先に述べた学生セツルメントに結びついた。セツルメント活動は、学校から排除された子どもたちの援助をしており、それが私の取り残されたという感覚を和らげた。ここではセツルメントはこれ以上取り上げない（セツルメントについては本書167p）。

　私の社会への包摂は、治療の場への包摂の過程だったといえよう。それは自分の居場所―治療の場である病院への入院―を受け入れること結びついていた。その居場所は入院限りのことであって、そこには知られることへの恐れがあったと思う。療養生活への包摂には、そうした患者の共通感情があったのではなかろうか。しかし、治療の場での包摂は、自己をみつめ直す過程でもあった。私の場合はいかに社会を知らなかったかという自省であった。そして、その先に社会活動への入り口となるセツルメントがあったのである。その意味で、社会の中での自己形成―社会教育であった。

　　　　　　　　　　　　　　（大串）

終　章　生涯教育が登場した時代

佐賀市立嘉瀬公民館（2017年田所撮影）

1984年　臨時教育審議会発足
1985年　ユネスコ学習権宣言
1987年　臨時教育審議会最終答申
1989年　子どもの権利条約
1990年　国際識字年
　　　　生涯学習の振興のための施策の推進体制等の整備に関する法律
1998年　特定非営利活動促進法
2006年　教育基本法改正
2008年　社会教育法改正
2011年　東日本大震災
2018年　九条俳句不掲載事件（さいたま市三橋公民館）の東京高裁判決確定

生涯教育と学習権

　生涯教育は、1965（昭和40）年ユネスコが開催した成人教育推進会議でポール・ラングラン（Paul Lengrand 1910～2003）により提案され、日本にも紹介され、1970（昭和45）年に出版されたラングランの『Introduction to Lifelong Education』が、『生涯教育入門』と題して波多野完治訳で出版され、生涯教育が広く知られるようになった。生涯教育必要の理由は、技術革新の進展や国際情勢の変化によって「一度得た一組の知識と技術だけで自己の生涯を全うしうるという考え方が急速に消滅しつつある」からだと言った[1]。

　しかし、生涯教育の意味は単に個人の学び直しの意味だけではなかった。1976（昭和51）年にナイロビで開かれたユネスコ第19回総会は「成人教育の発展に関する勧告」をまとめた。これによれば、生涯学習・生涯教育は「現行の教育制度を再編成すること及び教育制度の範囲外の教育におけるすべての可能性を発展させることの双方を目的とする総合的な体系」であり、成人教育はその一部であった。ここで言われた「教育制度の範囲外の教育」は日本では、教育法により文部科学省が管轄している教育制度以外の教育機関、例えば農業大学校、職業訓練所、少年院などである。すなわち、生涯教育は教育改革を示すことばだった。それは教師が権威を持つ伝統的な教育関係を変えるという「生涯教育の文脈にそって教授や訓練を一新する」ことを目的にした[2]。

　一方ILO（国際労働機関）は1974（昭和49）年の総会で有給教育休暇（Paid Educational Leave）に関する条約（有給教育休暇条約）を採択した。これは、労働時間中に教育のための休暇を与えることを目的にしていた。対象となる教育は職業訓練、一般教育、社会教育、市民教育、労働組合教育であった。従来、教育は余暇—労働時間外に受けるものだと考えられてきたが、労働時間に教育のための時間を含んだのである。これは、教育・学習は労働から離れた時間—余暇に行われるという常識を覆し、働く権利と学ぶ権利を統一する発想だった。一

　1）　ポール・ラングラン『生涯学習入門』波多野完治訳、全日本社会教育連合会、1971年、51p。
提案は、1965年開催の国際成人教育諮問委員会会議にユネスコ事務局が提出した報告書にあったという説もある。ラングラン、ジャービス、メジロウほか『生涯教育とは何か』中京女子大学生涯学習研究所編訳、民衆社、1999年、19p。
　2）　ポール・ラングラン『生涯教育入門　第二部』波多野完治訳、全日本社会教育連合会、1984年、84p。

方、OECD（経済協力開発機構）は、1973（昭和48）年にリカレント教育を提案
した。このように、1970年代は、国際的に成人の教育に関心が集まり、その条
件を保障する動きが顕著になった。

　そして、このように学習に関する条約が作られる国際的な動向を背景に、ユ
ネスコは1985（昭和60）年パリにおける第4回ユネスコ国際成人教育会議で学
習権宣言（The Right to Learn : Declaration unanimously adopted by the Conference）
を全会一致で採択した。この宣言は、「学習権を承認するか否かは、人類にとっ
てこれまでにまして重要な課題となっている」で始まり、生存権、発達権とし
て学習権は「基本的権利のひとつ」であり、それゆえ「学習活動はあらゆる教
育活動の中心に位置づけられ、人々を、なりゆきまかせの客体から、自らの歴
史をつくる主体に変えていくものである」と述べていた。この宣言は、教育で
はなく学習を前面に出すことによって、学習者の決定権と主体形成を重視し、
疎外と抑圧を克服する主体として、また全人類的課題を引き受けることもでき
る人間として学習者を位置づけた[3]。

　国際連合は、この学習権の具体化を意味する取り組みを始めていた。1979（昭
和54）年の総会で採択された女性の差別撤廃条約（女子に対するあらゆる形態の差
別の撤廃に関する条約、日本は1985〈昭和60〉年に批准）で「教育の分野における差
別の撤廃」条項を設け、1989（平成元）年に採択された子どもの権利条約（ま
たは、児童の権利に関する条約）（日本は1994年批准）で児童の人権を全般的に定め、
その中に「教育への権利」「教育の目的」「休息・余暇、遊び、文化的・芸術的
生活への参加」など社会教育に関する権利条項を設けた。国際条約を批准した
国は、国内でその法律を具体化する取り組みをしなければならない。1990（平
成2）年にはユネスコの提案により国際識字年が設定された。これらを受けて、
日本では民間団体の活動が活発となった。特に子どもの権利条約の場合は、各
国政府は報告書を国連子どもの権利委員会に提出し、同委員会はそれを審査・
公表することになっている。

　3）　ポール・ラングランの後任エットーレ・ジェルピは、『生涯教育―抑圧と解放の弁証法』前
　　平泰志訳、東京創元社、1983年で学習・教育の持つ抑圧性と解放性を論じている。

日本における学習権論

　日本では学習権はどう考えられたのだろうか。日本国憲法は第25条で国民は「その能力に応じて等しく教育を受ける権利を有する」と教育を受ける権利を国民に保障した。これを踏まえて、図書館界では1960年代初頭に学習権の保障が課題になっていた。1963（昭和38）年に日本図書館協会が発表した「中小都市における公共図書館の運営」は、中小都市の公立図書館こそが学習権を保障する中核であることを主張していた。博物館については、ユネスコが1960（昭和35）年に「博物館をあらゆる人に開放する最も有効な方法に関する勧告」で博物館がすべての人に開かれていること、教育の機会均等と地域社会の知的・文化的生活に博物館が貢献するべきことを提言した。これは、博物館を学習権、文化に関する権利（世界人権宣言第27条）の実現する場とすることであった。文化に関する権利のためにも読み書きの権利等の学習権が必要であった[4]。

　法学者の兼子仁は1971（昭和46）年に国民の教育権は「『学習権』本位の時代」への「過渡的なステップ」ではないかと述べていた[5]。その後1977（昭和52）年には、学習権は子どもの人権であることを確認した上で、「学習による人間的な成長発達が人間の一生を通じて成人にもありうるとすれば、学習権は成人の人権でもある」と「学習権の主体としての子どもと成人」「成人の学習権を踏まえた社会教育」を主張した。ここで重要なことは、学習権を「教育への権利」すなわち教育を受ける権利、要求する権利、拒否する権利を一体のものととらえたことである[6]。

　藤田秀雄は、社会教育法制定当時の教育の自由権（統制からの自由）と社会権（国民が国家に対し要求する権利）としての教育権を統一して理解して「国民は自

4）　それを踏まえ2015（平成27）年に「ミュージアムとコレクションの保存活用、その多様性と社会における役割に関する勧告」を出した。世界人権宣言第27条の「文化に関する権利」を豊かにするために博物館は貢献することと、経済的、社会的および文化的権利に関する国際規約の第15条「文化的生活に参加する権利」、そのために「科学の進歩およびその利用による利益を享受する権利」を確認した上で、市民意識の形成や地域社会のアイデンティティのために重要な役割を持ち、それをめぐる討議できる公共空間であることを確認していると思う。それらは、読み書きの権利、自分自身の世界を読み取るといアイデンティティ形成に関係する学習権宣言につながるといえよう。日本の博物館もこれらを尊重している。
5）　兼子仁『国民の教育権』岩波新書、1971年、209、210p。
6）　堀尾輝久・兼子仁『教育と人権』岩波書店、1977年、345、346p。

由権とともに、条件整備を国・地方公共団体に行わしめる社会権的教育権を
もっている」と主張した[7]。小川利夫は、「教育の自由と国民の教育権」の不離
一体性を確認した上で、教育と学習の関連の検討を課題とした[8]。

　労働組合からは社会教育権の提起があった。これは1980（昭和55）年に都区
職員労働組合労働局支部が発表した『労働行政の在り方』に「労働者には、社
会権としての社会教育権（労働者の労働教育を受ける権利）があり、これを行政
は積極的に保障していく責務がある」と書かれていたのである。この提言は、
1987年3月に開かれた労働局支部第27回自治研集会で深められた。すなわちそ
こでは、社会教育権は労働者の生存権の文化的側面であると考えられた。この
提案は、当時の教育基本法が社会教育を勤労の場における教育ともとらえてい
たことに合っていたから、憲法の教育を受ける権利としてとらえられる可能性
を持っていた[9]。他方で権利としての社会教育が小川利夫や社会教育推進全国
協議会（社全協）から1970年代に提起されていたが、それは主に地域での社会
教育を念頭に置いていた[10]。そのために労働者の社会教育権は、「権利として
の社会教育」と統一されず、発展させられずに終わっている。

臨時教育審議会による教育改革

　ユネスコが総会で学習権宣言を採択した1985（昭和60）年は、わが国の生涯
教育にとっても重要な年だった。1984（昭和59）年に中曽根康弘（1918～2019）
内閣の諮問機関として臨時教育審議会が設置され、生涯学習体系をつくる検討
が行われた。生涯教育は、ユネスコによれば教育制度内外の教育改革の理念で
あった。日本でも教育改革の理念として取り上げられ、1985年に臨時教育審議
会の第一次答申が出された。しかし、すでに教育制度内外の生涯学習による教

7）　藤田秀雄「社会教育の本質と課題」千野陽一ほか著『現代日本の社会教育』法政大学出版局、1967年、10p。
8）　小川利夫『社会教育と国民の学習権―現代社会教育研究入門』勁草書房、1973年、182、183p。
9）　労働教育とは労働者教育の一部で、労働基準法などの労働基本権の教育である。当時、企業内教育を憲法の教育を受ける権利と位置づける主張が、当時の国鉄労働組合から出されており、職業訓練、労働教育を憲法問題とする主張が出されていた。大串隆吉「社会教育の法概念と労働者教育―教育基本法第7条の可能性」日本社会教育学会編『日本の社会教育　第40集・現代社会教育の理念と法制』東洋館出版社、1996年。
10）　社会教育推進全国協議会15年史編集委員会編『権利としての社会教育をめざして―社会教育推進全国協議会15年の歩み』ドメス出版、1978年参照。

育改革は文部行政外でも始まっていた。すなわち、1969（昭和44）年の新全国
総合開発計画で第二次産業革命に対応した能力の開発のために生涯教育の必要
が言われ、同年の職業訓練法を改定した職業能力開発促進法が生涯にわたる職
業能力開発を強調していた。1985年にこの職業能力開発を受ける場合に援助金
を給付する生涯能力開発給付金制度が発足していた。すなわち、教育制度内よ
り早く教育制度外の職業教育で生涯能力開発という生涯学習が行われていたの
である。なぜならば、生涯教育の必要性は社会の変化—情報技術の革新にこた
え、職業能力開発促進法（1969年）第3条による職業能力開発は雇用・産業の
動向、産業構造の変化など産業政策・経済政策に従属するものとされていたか
らである。文部省も生涯学習に乗り出し審議会に答申を依頼した。1971（昭和
46）年の社会教育審議会答申「急激な社会構造の変化に対処する社会教育のあ
り方について」、1981（昭和56）年の中央教育審議会答申「生涯教育について」
は、学習にあたっての個人の自主性の尊重、学習意欲の喚起は言うものの学習
権についての言及はなかった。

　またすでに、都道府県の取り組みが始まっていた。秋田県が1972（昭和47）
年に生涯学習推進本部を設け、その後生涯学習事業に取り組む都道府県が増え、
1985（昭和60）年度には37都道府県になった。労働行政では1985年に職業能力
開発を生涯にわたり従業員に行う企業に助成金を支給する生涯能力開発給付金
制度が発足した。

　生涯学習への関心が高まる中、臨時教育審議会（臨教審）は1984（昭和59）年
に第一次答申を出し、1987（昭和62）年の最終答申まで4回の答申を出した。
これらで「生涯学習体系への移行」が提案された。学校、地域、家庭の場の学
習を生涯学習として統合する提案だった。そして、文部省内に社会教育局を改
組して生涯学習局が設けられ、生涯学習の法律として1990（平成2）年に生涯
学習の振興のための施策の推進体制等の整備に関する法律（生涯学習振興整備法）
が公布された。この法律には、社会教育法、図書館法、博物館法のように教育
基本法に立脚するものであるという条文はなかった。そして、経済産業省も管
轄し、都道府県は民間事業者の能力を活用した地域生涯学習振興基本構想を文
部大臣（のち文部科学大臣）と通産大臣に承認してもらうことになっていたから、
新自由主義による学習機会の市場化が予定されていた。

　臨教審は生涯学習を提言する理由に「学歴社会の弊害」を是正することをあ
げていた。すなわち、若いときに「いつどこで学んだか」を評価する学歴社会
から、若いときに限らず「何をどれだけ学んだか」を評価する社会—生涯学習
社会へ転換する（第一次答申）とした。それは評価の軸に資格を置く資格社会
への移行を意味した。厳密な意味の資格は、医者や弁護士、看護師のように資
格を持たない人はその職業に就けない排他性を持つ。しかし、資格というと検
定資格のように仕事の能力の度合いを測った資格がある。この場合は、例えば
英語通訳の場合には能力検定資格者と同じ実力があれば非資格者もできるので
排他性を持たない。とはいえ、資格は能力を示す証明書であることは資格全部
に共通している。ではなぜ、資格が注目されるようになったのだろうか。
　その背景には、企業の内部で終身雇用を前提として移動する内部労働市場を
縮小させて、短期雇用労働者を回転させる外部労働市場を拡大しようとしたこ
とがある。その短期雇用労働者の能力証明のために資格が必要とされたと考え
ることができる。それは、1985（昭和60）年公布の労働者派遣法（労働者派遣事
業の適正な運営の確保及び派遣労働者の保護などに関する法律）から始まり、1995（平
成7）年に日本経営者団体連盟が発表した『新時代の「日本的経営」』で決定
的となった。この文書によれば雇用労働者は内部労働市場にあたる「期間の定
めのない雇用契約」—長期蓄積能力活用型グループすなわち終身雇用グループ
と有期採用の税理士、会計士のような排他性を持った資格を持った高度専門能
力活用型グループ、同じく有期採用の雇用柔軟型グループに分けられる。雇用
柔軟型グループとは、アルバイトやパート、派遣労働者を指す。その能力の証
明として資格が使われるようになった。この働き方は、1993（平成5）年のバ
ブル崩壊時に中高年層が急減したのに対し、大学新卒者のパート、アルバイト
就職者の増加とあいまって若年層に増加した[11]。このように外部労働市場で、
職場移動を可能とする資格は排他性を持った資格であると考えられる。その後
景気が回復するに従って、短期雇用労働者が減ったわけでなく雇用労働者のほ
ぼ3割になった。
　臨教審は、生涯学習や労働力政策と関連した提言だけでなく、日本の将来像

11）　大串隆吉「青年の就労—その強さと弱さについて」青年問題研究所「青年問題基本統計委員
　　会」編『仲間とともに働く・学ぶ・創る—地域の事例研究』財団法人日本青年館、1995年。

に関する愛国心の養成のような国家主義的、愛国主義的な教育目標を提言した。第四次答申は、「国際的・人類的視野」とともに、国旗・国歌の尊重と愛国心の養成を教育目的として提言していた。この提言を受けて教育基本法の改正が2006（平成18）年に行われた。

　1990年代から21世紀初頭の時期は、戦後の社会教育史を画すると推察できる法律改正が行われた。それは、先述した教育基本法の改正に加え、社会教育法、図書館法、博物館法の改正である。

　教育基本法は一部ではなく全面的に改正され、旧教育基本法は日本の教育の理念を掲げた理念法だったのに対し、教育行政の理念とともに具体化を図る法律となった。そのため第3条に生涯学習の理念が書かれているとともに、第17条に国が定めた教育振興基本計画を地方自治体が参考にして教育の計画を定めることを義務づけた。従来の教育基本法になかった政府の方針に従うことが努力義務となり、教育委員会の政府への従属を強めるおそれが出てきた。

　また新法は、第2条の教育の目標で徳目を5項目並べているが、そのすべてが「態度」を養うと心構えに限定されている。その5項には「男女の平等」「環境の保全」など普遍的価値があげられているが、特にその第5項目は注目される。そこには二つのことが書かれている。「伝統と文化を尊重し、それらをはぐくんできた我が国と郷土を愛する」すなわち愛国心を持つことと「他国を尊重し、国際社会」に寄与することである。前者は自民党政権が1966（昭和41）年の「期待される人間像」（本書150頁参照）以来追求したことであり、天皇を賛美する君が代が国歌化されたこともあり、前者と後者の関係が問われている。

　社会教育の法理解も変わった。すなわち、旧法が社会教育を「家庭教育および勤労の場所のその他社会において行われる教育」と規定していたのを単に「個人の要望や社会の要請にこたえ、社会において行われる教育」とした上で、家庭教育を第10条に独立させた。これにより教育の領域は、家庭教育を含んだ社会教育、学校教育の二分法から、社会教育、学校教育、家庭教育の三分法になった。家庭教育を独立させた理由として父母、保護者が子の教育に「第一義的責任を有する」ことをあげた。これは、子どもの権利条約第18条1項の「親が子の教育に第一義的な責任を負う」に対応していると考えられるが、子どもの権利条約はそれに続いて「国の援助」「親による虐待・放任・搾取からの保護」「家

庭環境を奪われた子どもの保護」を定めている。

非営利活動法人の法制化

　自己教育運動は、1998（平成10）年公布の特定非営利活動促進法（NPO法）により、自己教育運動団体が望むなら法人格を取りやすくなった。なぜならこの法律は、「ボランティア活動をはじめとする市民が行う自由な社会貢献活動」（第1条目的）の発展を目的として、公益の増進に資する社会貢献活動の集団が法人資格を取りやすくしたからである。その社会貢献活動の領域は20種類あり、それに社会教育の推進を図る活動が含まれているからである。したがって、社会教育関係団体は、非営利の市民あるいは住民団体としてNPOになれる状況が生まれた。

　この法律によって、すでに指摘した小川利夫が定式化した自己教育運動と社会教育行政の矛盾構造が変化した。自己教育運動は自分を変える個人的な教育活動—自己教育活動を含むだけでなく、他者と行う教育活動でもあるため、相互教育が必要である。そして、その自己教育運動が、NPO法が定めたNPOに転化できるようになった。それを二つの事例から考えてみる。

　佐藤洋作[12]は、1970年代に学校の勉強について行けない中学生のための「勉強会」を自分が生活していくために開いていた。塾を経営する意図はなかったのだが、地域の父母の要請に応えて塾を開設する。進学塾とは違い不登校の子どもや居場所のない子どもが来るようになり、「父母が自分たちで塾をつくり、塾のスタッフが応援する」学習空間をつくろうとして「つくる」運動が展開された[13]。それ以後、80年代になって、様々な協力を得て居場所になる建物ができ、他の地域での父母の塾づくりの動きにつながり、「地域から子どもの学習権保障を」テーマに様々な学習塾のネットワーク（地域教育連絡協議会）の結成につながった。80年代から90年代にかけては、子どもの問題は、相互に結びついた多様性を持っている。就労支援には居場所が必要で、家族支援も必要、不登校の場合も同様、そうなると個別に対応する個人に頼るわけにはいかなくな

---

12)　1947年生まれ、NPO法人文化学習協同ネットワーク代表理事。
13)　佐藤洋作「地域における子ども支援から若者支援へ」竹内常一・佐藤洋作編著『教育と福祉の出会うところ—子ども・若者としあわせをひらく』山吹書店、2012年。

り、活動する人のネットワーク組織を作り、資金を調達し、活動場所となる建物を手に入れる必要が出てくる。それは、個人の力を超えているので、1999（平成11）年にNPO法人になった。

　佐賀の谷口仁史[14]は家庭教師をしていた。家庭教師といっても学力の補充だけすれば良いわけではない事態に直面する。親から子への虐待を知ったからである。「勉強を教えるという家庭教師本来の枠を超えて、本人のケアや家族とのやりとり学校との橋渡しなど」が必要となる[15]。すなわち、虐待などの事態とともに学習が欠けていたのである。このように、子ども・若者が抱える問題が深刻化し複雑に絡み合う中で、人と人のつながりだけで解決できる問題とは限らなくなった。そこで専門職の活動によって、一つひとつの問題をひもといてケアをし、その次の段階で社会との接点を持てる場を作ることを試みていく[16]。そこで、その解決のためには、心理療法士、社会福祉士、認知行動療法士などの対人専門職の力を借りなければならなくなった。専門職の協働を維持していくためには組織が必要となった。そのため特定非営利活動法人になった。

　これらの事例には、自己教育ないし自己教育運動から、認定NPOへの転化があったことが示されている。NPO法は、公益の増進、自由な社会貢献活動を行う非営利団体を認定する。公益とは社会全般の利益、社会一般の利益を指し、それらは憲法での生存権を土台とした基本的人権に基づく利益のことである。しかし公益が国家の利益を指す場合は、両者は矛盾する場合がある。

　以前から社会教育法には第20条に社会教育関係団体の規定があるから、社会教育を行うNPOは社会教育関係団体と見なせる。そうするとそのNPOには社会教育法第12条により国、地方公共団体は「いかなる方法によっても、不当に統制的支配を及ぼし、又はその事業に干渉を加えてはならない」ことになる。

社会教育無用論を克服して

　1980年代に社会教育無用論が高梨昌、松下圭一により公表された。両氏とも学者として社会的に活躍していた人であり、社会教育界の外にいた有名人だっ

---

14)　1976年生まれ、NPO法人スチューデント・サポート・フェイス（S. S. F.）代表理事。
15)　『よりそい―不登校・ひきこもりに対する民間支援団体の活動事例集』内閣府、2011年、206p。
16)　座談会「地域でつながり、若者の可能性を育む」『月刊社会教育』2016年8月。

たから、社会教育界をあわてさせた。2人は何を社会教育界に向けて言ったのだろうか。

　高梨晶は、生涯学習＝社会教育という文部省的発想を批判して、生涯学習の中核には職業訓練があり、それは社会教育にはできない。社会教育は、高校進学率の低かったときに中卒青年を対象としたことが主であって今残っている分野は成人の生活技術の学習しかないと主張した[17]。

　この批判は一面で当たっている。それは社会教育行政が行う社会教育が勤労者の職業技術教育に本格的に取り組んでこなかったからである。厳密に言えば、中卒勤労青年を対象とした青年学級で簡易な職業技術教育が取り組まれたことがあるくらいだった。旧教育基本法は勤労の場の教育を社会教育としていたにもかかわらずにである。その場は労働行政にあった。だからといって、高梨の言うように社会教育は生活技術に限定すべきだということにはならない。なぜなら、社会教育は職業技術教育には不十分にしか取り組まなかったが、公害学習などに見られるように、社会問題、生活問題と取り組み、学習者の権利の保障を追求してきたからである。

　松下の立論の要点は、次のようである。社会教育行政は、国家統治・国民教化という性格を持ち続けている上に、成人なかんずく都市型成熟社会の成人の学習は「教育なき学習」だから、教育は基礎教育だけが必要で社会教育はいらない。学習権は基礎教育だけにあてはまる[18]。しかし、「学習なき教育」はありえない。それを裏返せば「教育なき学習」もありえない。学習には量の多い少ないはあれ、教育がついてまわるし、学習は自己教育に発展する。それゆえ、社会教育を否定できない[19]。

　1980年代から90年代にかけて、この両者の無用論とは裏腹に社会教育は新たな課題を持った。その一つは多文化教育や外国人住民の学習活動を援助する活動である。これは国際的な相互理解が新たな段階に来たことを示している。ま

---

17)　高梨晶『臨教審と生涯学習―職業能力開発をどうすすめるか』エイデル研究所、1987年、61p。

18)　松下圭一『社会教育の終焉』筑摩書房、1986年。

19)　勝田守一は、「教育とは学習の指導」だと指摘している。その上で「学習の条件が意識されたときに指導が有効なのだ」「学習は努力なのだ。そして、その努力が喜びであるようにするのが指導なのだ」とも述べている。『勝田守一著作集6　人間の科学としての教育学』国土社、1973年、150、154p。

た、公民館の障害者青年学級から始まった障害者の学習・文化活動の権利を社会教育で保障する活動が新たに動き出している。

　平和学習は1960年代以前から続いてきたが70年代になると自分史づくりの中で戦争体験が記録され、東京大空襲の調査・記録のように被害体験からの平和学習が深まった。同時に日本人の被害体験だけではなく、侵略という加害の面も学習の素材として取り上げられた。被害体験から出発するだけではなくなった。1995（平成7）年1月、日青協は理事会を韓国のソウルで開催した。そのときに開いたシンポジウムでは元従軍慰安婦、在韓被爆者、強制連行の被害者を招き、直接彼女等から声を聞く機会を持った[20]。また「不戦の誓い」を採択した。1939（昭和14）年日本の植民地であったソウルで開催された大日本青年団大会から60年近くあと、日本の青年は侵略の事実を見つめ、新たな日韓関係を創ろうとしたのである。

20）「私たちがソウルで見たもの聞いたこと、そして誓ったこと」日本青年団協議会『日本青年団新聞』1995年2月1日。

参考文献

吉田昇・田代元彌編『社会教育学』誠信書房、1959年。

城戸幡太郎編『世界の教育』第9巻、共立出版、1959年。

長野県下伊那郡青年団史編纂委員会編『下伊那青年運動史』国土社、1960年。

宮原誠一編『青年の学習―勤労青年教育の基礎的研究』国土社、1960年。

宮原誠一『教育史』東洋経済新報社、1963年。

小川利夫・倉内史郎『社会教育講義』明治図書出版、1964年。

宮坂広作『近代日本社会教育政策史』国土社、1966年。

千野陽一・藤田秀雄・宮坂広作・室俊司『現代日本の社会教育』法政大学出版局、1967年。

宮坂広作『近代日本社会教育史の研究』法政大学出版局、1968年。

碓井正久編『社会教育』東京大学出版会、1971年。

文部省『学制百年史』ぎょうせい、1972年。

小川利夫『社会教育と国民の学習権』勁草書房、1973年。

宮原誠一・丸木政臣・伊ヶ崎暁生・藤岡貞彦編『資料日本現代教育史』全4巻、三省堂、1974年。

戦後社会教育実践史刊行委員会編『戦後社会教育実践史』全3巻、民衆社、1974年。

国立教育研究所編『日本近代教育百年史』7・8、社会教育（1）（2）、教育研究振興会、1974年。

千野陽一『現代社会教育論』新評論、1976年。

小川利夫編『住民の学習権と社会教育の自由』勁草書房、1976年。

藤岡貞彦『社会教育実践と民衆意識』草土文化、1977年。

社全協十五年史編集委員会編『権利としての社会教育をめざして―社会教育推進全国協議会十五年のあゆみ』ドメス出版、1978年。

藤田秀雄『社会教育の歴史と課題』学苑社、1979年。

千野陽一『近代日本婦人教育史―体制内婦人団体の形成過程を中心に』ドメス出版、1979年。

碓井正久編『日本社会教育発達史』亜紀書房、1980年。

津高正文編著『戦後社会教育史の研究』昭和出版、1981年。

横山宏・小林文人編著『社会教育法成立過程資料集成』昭和出版、1981年。

上木敏郎『土田杏村と自由大学運動』誠文堂新光社、1982年。

全日本社会教育連合会編『社会教育論者の群像』全日本社会教育連合会、1983年。

『信州白樺』第59・60合併号「大正デモクラシー期の社会教育」1984年9月。

藤田秀雄・大串隆吉編著『日本社会教育史』エイデル研究所、1984年。

長野県青年団運動史編集委員会編『長野県青年団運動史』長野県連合青年団、1985年。

横山宏・小林文人編著『公民館史資料集成』エイデル研究所、1986年。

山住正己『日本教育小史―近・現代』岩波新書、1987年。

J. E. トーマス『日本社会教育小史―イギリスからの観察』青木書店、1991年（藤岡貞彦、

186

島田修一訳）。

上杉孝實『地域社会教育の展開』松籟社、1993年。

福尾武彦・居村栄『人びとの学びの歴史』上・下、民衆社、1994年。

上杉孝實・大庭宣尊編著『社会教育の近代』松籟社、1996年。

上平泰博・田中治彦・中島純『少年団の歴史―戦前のボーイスカウト・学校少年団』萌文社、1996年。

大串隆吉『青年団と国際交流の歴史』有信堂高文社、1999年。

北田耕也『明治社会教育思想史研究』学文社、1999年。

千野陽一監修・社会教育推進全国協議会編『現代日本の社会教育―社会教育運動の展開』エイデル研究所、1999年。

日本青年団協議会編『地域青年団運動50年史―つながりの再生と創造』日本青年団協議会、2001年。

新海英行編『現代日本社会教育史論』日本図書センター、2002年。

佐藤広美編『21世紀の教育をひらく―日本近現代教育史を学ぶ』緑蔭書房、2003年。

松田武雄『近代日本社会教育の成立』九州大学出版会、2004年。

長澤成次『現代生涯学習と社会教育の自由―住民の学習権保障と生涯学習・社会教育法制の課題』学文社、2006年。

上杉孝實『生涯学習・社会教育の歴史的展開』松籟社、2011年。

千野陽一監修・社会教育推進全国協議会編『現代日本の社会教育　増補版』エイデル研究所、2015年。

千野陽一監修・「月刊社会教育」編集委員会編『人物でつづる戦後社会教育』国土社、2015年。

東京社会教育史編集委員会編・小林文人編集代表『大都市・東京の社会教育―歴史と現在』エイデル研究所、2016年。

社会教育推進全国協議会編『社会教育・生涯学習ハンドブック　第9版』エイデル研究所、2017年。

あとがき

　本書は、社会教育が日本で誕生して以降、19世紀末から20世紀にかけての社会教育の歴史を取り上げた。

　本書刊行の背景のひとつに、若者が日本の社会教育の歴史を考える際の一冊にしてほしい、という願いがある。現在、京都府立大学の「生涯学習論」をはじめとする社会教育の講義は、社会教育主事や学芸員の任用資格等の取得を目指す学生、教育学や歴史学など多岐にわたる専攻の学生、高校時代に歴史を学ばなかった学生……と、「文系」「理系」を問わず様々な学生が受講している。筆者（田所）は、日本近現代の社会教育の歩みをたどることを講義の柱の一つにしているが、文字史料の読解や視聴覚を通じた理解などの工夫を試みている。その内容を、批判的に理解しながら自らのものにしていくには、聴講だけでなく、やはり本を読まなくてはならない。また、直接・間接の経験を積む、新聞や旅などで国内外の動向に目を向けるなど、過去と現在の対話を続けねばならない。人間と社会への洞察を深めつつ問題意識を抱き、本書を拠りどころに、社会教育の歴史を学ぶ時間を学生時代に作ってほしいと願っている。本を読み学ぶことは、学生諸君だけでなく世代を問わず「なりゆきまかせの客体から、自らの歴史をつくる主体にかえていく」（学習権宣言）一助になることだろう。

　21世紀になってすでに20年以上経ち、この間2006年の教育基本法の改正に加え、社会教育法、図書館法、博物館法も改正された。これらの法改正が戦後日本社会教育史の重要な時期区分の指標となるのかどうかは、今後変化があれば再検討されなければならないが、これからの日本の教育、社会教育、特にその行政活動を左右することは明らかだろう。その意味では歴史の事柄ではなくて、現代の事柄である。

　旧教育基本法は日本の教育の理念を掲げた理念法だったのに対し、新教育基

本法は教育行政の理念を示すとともに具体化を図る法律となった。そのため第３条に生涯学習の理念が書かれるとともに、旧法にはなかった第17条で、国が定めた教育振興基本計画を地方自治体が参考にして教育の計画を定めることを義務とした。新法の条文数は、旧法の11から18に増加した。新設された条文には、生涯学習、男女共学、家庭教育、幼児期の教育があり、これらは教育上の大切な課題である。

　しかし、重要なことは、次の点にある。それは、国・政府が教育への統制を強めるおそれがあることである。たしかに、新旧ともに第２条に「学問の自由を尊重」する文言が入っている。学問の自由は憲法第23条に基づいているが、学問の自由イコール教育の自由ではない。学問の自由があっても教育の自由はないということがありうるのである。それゆえ、「教育は、不当な支配に服することなく」という文言が、旧法は第10条に、新法は第16条に入っているのだが、両者には大きな違いがある。旧法第２条では「学問の自由を尊重し」という文言に続いて、「実際生活に即し、自発的精神を養い、自他の敬愛と協力によつて、文化の創造と発展に貢献するように努めなければならない」と書かれていた。

　それに対し、新法には５項目の態度育成目標があっても、どういう能力を育てるかの言及がないことが特徴である。「能力を伸ばし」はあっても、それは「勤労を重んずる態度を養うこと」にまとめられていて、職業的専門能力の育成については触れられていない[1]。それだけでなく、そうした能力育成の場となる機会を設定する、「教育の目的は、あらゆる機会、あらゆる場所において実現されなければならない」が第２条からなくなり、旧法の第７条にあった「勤労の場所」もなくなっている。経験を積み重ねての教育、自己形成の場の規定がなくなっているのである。

　教育の場として政策に浮上したのが、家庭である。新法第10条に新たに家庭教育条項が設けられた。家庭教育を独立させた理由として、父母、保護者が子

1）　職業的専門能力の育成については、学校教育法において高等学校、専門学校で目標ないし目的にされている。高等学校と中等教育学校の目標では、「専門的な知識、技術及び技能を習得させること」（第51条、第63条）があり、高等専門学校の目的には「職業に必要な能力を育成する」ことが、専修学校のそれには「職業若しくは実際生活に必要な能力を育成」とある。これらに比べれば、教育基本法が職業専門的な能力育成目標を欠いていることは明らかである。

の教育に「第一義的責任を有する」ことをあげた。子どもの権利条約が第18条
１項で親が子の教育に「第一次的責任を有する」としているから、それに対応
していると考えられるが、同条約はそれに続いて「国の援助」「親による虐待・
放任・搾取からの保護」「家庭環境を奪われた子どもの保護」を定めている。
しかし、新教育基本法にはこうした規定をみることはできず、親の責任が強調
され、その上で行政の援助が想定されている。図書館奉仕に家庭教育への援助
が付け加わった（図書館法第３条）ことも同じ論理だと思われる。

　さて、新教育基本法から２年後に改正された社会教育法の社会教育規定はど
うなったのだろうか。旧法による学校の教育課程外の青少年、成人に対する教
育活動という規定は変わっていないが、新法では新たに「社会において行われ
る教育」と規定されたから、「社会において行われる学校の教育課程外の教育」
ということになる。

　そして、社会教育の仕事は大きく変わった。「多様な需要を踏まえ」（第３条）
と、需要に基づいた、すなわち市場原理に基づいた学習機会の提供によって生
涯学習の振興に寄与することが役割とされた。しかし、先述したように教育振
興基本計画が定められるから、需要供給の関係に自然に任せられるわけではな
く、計画と市場の関係が常に問われるだろう。

　そして「学校、家庭及び地域住民その他の関係者」との連携、協力を促進す
ることを社会教育の新たな役割とした（第３条）。これは、2019年の社会教育法
改正で第９条の７に地域学校協働活動導入を明記したことにより具体化されて
いる。この活動においては、地域学校協働活動推進員が、地域と学校、学校運
営協議会をつなぐコーディネーターの役割を果たすことになっている。文部科
学省のガイドラインでは、地域住民の学びの成果を地域学校協働活動で生かし
て社会参画を促進することによって、持続可能な地域社会の構築につなげてい
くことをねらいとしている。

　社会教育法第５条13項には、放課後や休日に社会教育施設や学校で学習支援
を行うことが規定されている。それは放課後子ども教室、放課後子どもプラン
と呼ばれ、自治体教育委員会で取り組まれている。また、生活困窮者の子ども
の支援事業として、厚生労働省の援助による取り組みも行われている。本書181
～182頁で触れたように、これらの中には居場所づくりに発展している例も生

まれている。

　こうした法律改正の中で、あらゆる機会、あらゆる場所での自己教育、自己教育活動、自己教育運動がカギになるだろう。社会教育法制定の1949年から、社会教育は自己教育、相互教育といわれたが、それは現代にも生き続けている。改正社会教育法は第3条で「自ら実際生活に即する文化的教養を高め得るような環境を醸成するように努めなければならない」として、自己教育とそのための環境を作る行為—自己教育活動の必要を、意図してか、しないでかはわからないが、言っているのである。自己教育は相互教育を伴うものだから、集団的な運動になる、すなわち自己教育運動になる可能性がある。これらの一連のことは、学習権宣言にいう「あらゆる教育の手だてを得る権利であり、個人的・集団的力量を発達させる権利」となるだろう。

　2011年3月11日に起こった東日本大震災では、人々が再生するために、居場所の重要性が明らかになった。ところが2020年に発生したコロナ禍では、公民館などの人の集まる場の閉鎖、介護の場の閉鎖などで居場所が失われるという事態が生じた。また、再開しても、開館時間の短縮、利用者の減少など、社会教育活動の自粛が起こった。

　本来、相互教育を必要とする社会教育では、人々の交流とその場こそが大事である。コロナ禍で明らかになった孤立化、ストレスの強まりを克服するためには、人々の精神的つながりを豊かにして、親密な関係や文化活動を作り出す必要があるだろう。急速に進むデジタル化の利用はその模索の手段のひとつだが課題も多い。社会教育には、人々の関係を紡ぎ自己教育・相互教育の機会を作り出すための新たなチャレンジが求められている。

　2024年2月

大串　隆吉
田所　祐史

索　引

192

194

著者紹介

大串　隆吉（おおぐし・りゅうきち）

1945年　佐賀県生まれ。東京都立大学人文学部卒、同大学院人文科学研究科修士課程
　　　　修了、博士課程中退。

1973年〜　東京都立大学人文学部助手、助教授、教授

現　在　東京都立大学名誉教授

　日本社会教育学会副会長、『月刊社会教育』編集長、社会教育推進全国協議会委員
長などを歴任。

主な著作

『長野県青年団運動史』長野県連合青年団、1985年（編著）

『青年団と国際交流の歴史』有信堂高文社、1999年（単著）

『社会教育入門』有信堂高文社、2008年（単著）

『青少年育成・援助と教育──ドイツ社会教育の歴史、活動、専門性に学ぶ』有信
　堂高文社、2011年（共著）

『社会福祉国家の中の社会教育──ドイツ社会教育入門』フランツ・ハンブルガー、
　有信堂高文社、2013年（訳）

『人物でつづる戦後社会教育』国土社、2015年（分担執筆）

田所　祐史（たどころ・ゆうじ）

1972年　千葉県生まれ。東京都立大学人文学部卒、明治大学大学院文学研究科博士後
　　　　期課程修了。博士（人間学）

1996年〜　千葉県野田市教育委員会　社会教育主事（公民館）

現　在　京都府立大学准教授　『月刊社会教育』編集長

主な著作

『地域に根ざす民衆文化の創造──「常民大学」の総合的研究』藤原書店、2016年
　（分担執筆）

『隣保事業・セツルメント事業』戦前日本の社会事業・社会福祉資料　第6〜9巻、
　柏書房、2019年（編）

日本社会教育史〔改訂版〕

2021年 1 月28日	初　版	第 1 刷発行	〔検印省略〕
2021年10月26日	初　版	第 2 刷発行	
2024年 3 月 5 日	改訂版	第 1 刷発行	

著　者Ⓒ大串　隆吉・田所　祐史／発行者　髙橋　明義　　　　　印刷・製本／亜細亜印刷

東京都文京区本郷1─8─1　振替　00160-8-141750　　　　発　行　所
　　　　〒113-0033　TEL　（03）3813-4511
　　　　　　　　　　FAX　（03）3813-4514　　　　　　株式会社有信堂高文社
　　　　http://www.yushindo.co.jp/
　　　　ISBN978-4-8420-8531-9　　　　　　　　　　　Printed in Japan

★表示価格は本体価格（税別）

有信堂刊